JN087135

55

弁護士
岡芹健夫
［著］

歳以上の

雇用・法務がわかる本

中央経済社

は し が き

　国民的なテレビ番組である「サザエさん」には，数多くの登場人物が出てくるが，その中で家長のおじいさん（に見える）である磯野波平氏の設定年齢は54歳ということである（「サザエさん」公式ホームページによる）。ちなみに筆者は現在55歳であり，磯野波平氏は後輩に当たる。「サザエさん」は昭和20年代に登場した漫画作品であり，当時の社会状況，家族構成の影響が強いものとは思うが，それにしても，近年の54歳の方とはイメージが全く異なるところである。

　考えてみれば，昭和20年代といえば，日本の労働法の基本（労働基準法，労働組合法等）が形成された年代であり，それ以降，日本の労働法は数々の「修補」はなされてきたものの，基本的な構造，考え方には「改革」は見られない。その一方で，社会情勢には否応なしに大きな変化が見られ，本書のテーマである高齢者をめぐる状況（高齢者の割合の急速な増加，平均寿命および健康寿命の伸長等）も刻一刻と変わり，現在では，わが国は世界一の高齢化社会となったところである。これには，本来家族を形成することが想定されてきた若年層の経済的な不安，子育てに優しくない社会，といったさまざまな原因を挙げることはできるものの，事実として，すでにここまで高齢化社会が進んだ以上，それに沿った対応，第一には，高齢者の労働力の活用は焦眉の急であるというまでもない。しかし，高齢化社会の問題は，高齢者の活用というだけでは済まないように思われる。

　本書を執筆してみて改めて感じたのは，高齢化社会の問題は，若年層・中年層の活力をどのように維持するのか，もっといえば，取り戻すのか，という視点が必要ということである。むろん，それは，高齢者を軽視して良いというわけではない。しかし，本文でも述べたが，昭和43年（つまり

は，約50年前）に出された秋北バス事件の最高裁判決でも指摘されていたように，残念なことではあるが，多くの人は，年齢を経るに従い，その労働能力が低減していくことは避けられない（その低減の程度は，それこそ，昭和20年代，昭和40年頃と現在とでは，高齢者の体力によって異なるのであろうが）。したがって，高齢者の問題を考える際にも，社会経済の主役たる（あるいは将来主役の地位になる）若年層・中年層の活躍を引き出すという見地は不可欠となる。高齢者としては，そうした若年層，中年層の活躍を，日々の業務遂行面はもちろん，社会経済面（賃金配分，税負担等々）の点でサポートしていくためには，広くはどのような社会体制が，狭くはいかような労働法制が妥当なのか，といった視野を持って，検討，判断していくべきと考えている。

　末筆ながら，筆者がこのような気づきを得るに至った本書の刊行については，本書執筆の着想を与えてくださった株式会社中央経済社の山本継会長，また，執筆について多くのご助言をくださった石井直人氏には，大変なご支援をいただいたものと痛感している。ここに，厚く，御礼申し上げる次第である。

　2021年10月

弁護士
岡芹健夫

目　次

第4章
高齢者個々人に対する問題 —————————— 131

第5章
展　望 ——————————————— 155

凡　例

【主な判例集の略期】

民集　最高裁判所民事判例集／大審院民事判例集

労判　労働判例

労経速　労働経済判例速報

第1章

高齢者雇用を取り巻く社会現象

第1 少子高齢化社会とそれに伴う労働力の不足

　現在における少子高齢化の進展は，さまざまな社会的資料で明らかなところではあるが，本書におけるテーマは，直接的には高齢者雇用であるところ，そのテーマの考察において，少子高齢化の現象の認識は基本的前提であるので，ここで，若干の確認をしておく必要がある。

　まず，【図表１−１，１−２】は，厚生労働省の統計調査による５年ご

【図表１−１】平均寿命の年次推移

（単位：年）

和暦	男	女	男女差
昭和22年	50.06	53.96	3.90
25-27	59.57	62.97	3.40
30	63.60	67.75	4.15
35	65.32	70.19	4.87
40	67.74	72.92	5.18
45	69.31	74.66	5.35
50	71.73	76.89	5.16
55	73.35	78.76	5.41
60	74.78	80.48	5.70
平成2	75.92	81.90	5.98
7	76.38	82.85	6.47
12	77.72	84.60	6.88
17	78.56	85.52	6.96
22	79.55	86.30	6.75
27	80.75	86.99	6.24
28	80.98	87.14	6.16
29	81.09	87.26	6.17
30	81.25	87.32	6.06
令和元	81.41	87.45	6.03

注：１）平成27年以前は完全生命表による。
　　２）昭和45年以前は，沖縄県を除く値である。
出典：令和元年簡易生命表−表2　平均寿命の年次推移
https://www.mhlw.go.jp/toukei/saikin/hw/life/life19/dl/life19-02.pdf

との平均寿命の変遷である。

【図表1-2】平均寿命の推移

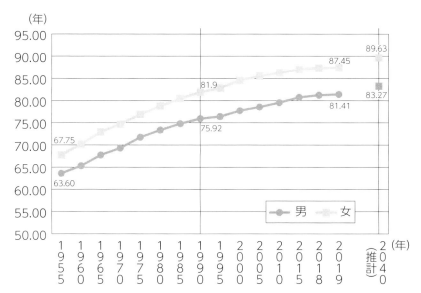

資料：2019年までは厚生労働省政策統括官付参事官付人口動態・保健社会統計室「令和元年簡易生命
　　　表の概況」，2040年は国立社会保障・人口問題研究所「日本の将来推計人口（平成29年推計）」
　　　における出生中位・死亡中位推計。
出典：令和2年版厚生労働白書―令和時代の社会保障と働き方を考える―図表1-2-1　平均寿命の推移
https://www.mhlw.go.jp/stf/wp/hakusyo/kousei/19/backdata/01-01-02-01.html

　次に，【図表1-3，1-4】は，同じく厚生労働省の統計調査による
合計特殊出生率の変遷である。

【図表１－３】母の年齢（５歳階級）別にみた合計特殊出生率の年次推移

年　齢	合　計　特　殊　出　生　率								対前年増減		
	昭和60年 (1985)	平成7年 ('95)	17 (2005)	27 ('15)	29 ('17)	30 ('18)	令和元年 ('19)	2 ('20)	30年-29年 ('18-'17)	元年-30年 ('19-'18)	2年-元年 ('20-'19)
総　数	1.76	1.42	1.26	1.45	1.43	1.42	1.36	1.34	△0.01	△0.06	△0.02
15～19歳	0.0229	0.0185	0.0253	0.0206	0.0170	0.0153	0.0137	0.0124	△0.0017	△0.0016	△0.0013
20～24	0.3173	0.2022	0.1823	0.1475	0.1379	0.1329	0.1243	0.1149	△0.0050	△0.0086	△0.0094
25～29	0.8897	0.5880	0.4228	0.4215	0.4077	0.4038	0.3858	0.3803	△0.0039	△0.0180	△0.0055
30～34	0.4397	0.4677	0.4285	0.5173	0.5128	0.5118	0.4940	0.4942	△0.0010	△0.0178	0.0002
35～39	0.0846	0.1311	0.1761	0.2864	0.2910	0.2895	0.2805	0.2797	△0.0015	△0.0089	△0.0009
40～44	0.0094	0.0148	0.0242	0.0557	0.0596	0.0609	0.0609	0.0613	0.0013	△0.0001	0.0004
45～49	0.0003	0.0004	0.0008	0.0015	0.0016	0.0017	0.0017	0.0018	0.0001	△0.0000	0.0001

注：年齢階級別の数値は各歳の年齢別出生率を合計したものであり，算出に用いた15歳および
　　49歳の出生数にはそれぞれ14歳以下，50歳以上を含んでいる。なお，年齢不詳は含まない。
＊合計特殊出生率とは，15歳から49歳までの女子の年齢別出生率を合計したもので，１人の
　女子が仮にその年次の年齢別出生率で一生の間に生むとした時の子ども数に相当する。
出典：厚生労働省　令和２年（2020）人口動態統計月報年計（概数）の概況―表４－１　母の年齢
　　　（５歳階級）別にみた合計特殊出生率の年次推移
https://www.mhlw.go.jp/toukei/saikin/hw/jinkou/geppo/nengai20/dl/kekka.pdf

【図表１－４】母の年齢（５歳階級）別にみた合計特殊出生率の年次推移

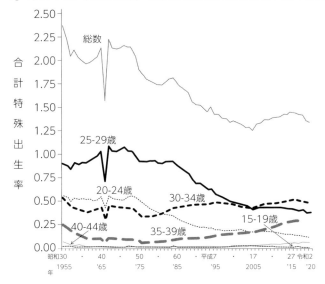

出典：厚生労働省　令和２年（2020）人口動態統計月報年計（概数）の概況―図２　母の年齢（５歳
　　　階級）別にみた合計特殊出生率の年次推移

　次に，【図表１－５】は，総務省統計局による５年ごとの人口年齢構成比の変遷である。

【図表１－５】人口年齢構成比の変遷

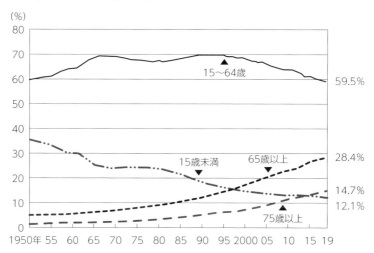

出典：総務省統計局　人口推計（2019年（令和元年）10月１日現在）―図３　年齢区分別人口の割合の推移（1950年～2019年）

　以上のように，すでに社会的に公知の事象ではあるが，わが国における少子高齢化は，人口全体の減少という事象以上に，65歳以上の人口の割合の急激な上昇という事象が顕著なところである。これは，当然ながら，社会を構成している人口における生産年齢人口の割合の減少，つまりは労働力不足を意味し，その程度は年々深刻なものとなっている。その対策の１つが，本書におけるテーマに関連する，高齢者雇用である（他の対策としては，女性労働力の活用拡大，外国人労働者の導入拡大，ロボット等機械活用の拡大があげられる）。

第2　定年制

1　わが国における定年制の背景・必要性

　わが国における雇用は年功序列・終身雇用制といわれる。この点については，すでに何十年にもわたり，わが国の国際競争力の低下を受けて，成果主義への転換・雇用流動化の必要性が指摘されてきているが，実際には，典型的な正社員を能力不足・適性のなさを理由に解雇することは，現行法では非常に難しいところとなっている（労働契約法16条）。ただ，この「終身」というのは，語句の本来的な用法でいえば，「命の終わりまでの間」，「生涯」という意味なのであるが，わが国における終身雇用制は，上記の「命の終わりまでの間」の雇用とはなっておらず，定年制，すなわち，労働者が一定の年齢（＝「定年」）に達すると自動的に使用者との雇用関係が終了するという制度を前提としている使用者が大多数である。この定年制は，年功序列賃金（年齢が上がるにつれて賃金が上昇する賃金制度）を前提とすることが多いわが国の賃金制度とあいまって，従前から，司法判断においても「停年制は，一般に，老年労働者にあつては当該業種又は職種に要求される労働の適格性が逓減するにかかわらず，給与が却つて逓増するところから，人事の刷新・経営の改善等，企業の組織および運営の適正化のために行なわれるものであつて，一般的にいつて，不合理な制度ということはでき」ないとされてきた（秋北バス事件［最判昭和43.12.25労判71号10頁］）。

　すなわち，定年制とは，労働者個人の適格性（能力，体力といってよい）が加齢とともに減退していくという自然の理を前提としつつ，わが国における年功給的賃金体系により賃金が加齢とともに上昇していく，といういわば，本来的には相反する事情を調整することで，人事の刷新・経営

の改善等，使用者の組織および運営の適正化を図るために行われる制度といえる。

いずれにしても，わが国における「終身雇用制」とは，定年までの雇用保障とほぼ同じ意味であったと解される。

② 定年制における「定年」の年齢

その定年制であるが，何歳をもって「定年」とするかは，時代とともに変遷してきた。1970年代までは55歳をもって定年とする制度が主流であったが，1970年代半ばより，高齢者の雇用確保の観点からの定年延長政策の下，60歳をもって定年とする制度が主流となり，1994（平成6）年の高年齢者雇用安定法改正によって，60歳定年制が強行的な基準とされるに至った。

ここで注意すべきなのが，「定年」と前述第1の【図表1-1，1-2】の平均寿命との関係である。すなわち，1960（昭和35）年においては，「定年」とされていた55歳と平均寿命との差は男性で10年，女性で15年であったところ，1990（平成2）年においては，「定年」とされていた55歳と平均寿命との差は男性で21年，女性で27年であり，仮に「定年」を60歳としても，平均寿命との差は男性で16年，女性で22年である。ちなみに，2019（令和元）年における平均寿命を見るに，定年である60歳との差は男性で21年，女性で27年，仮に高年齢者雇用安定法上の継続雇用制度の上限である65歳との差で見ても男性で16年，女性で22年である。

つまり，1960年代のわが国の「定年」制は，かなりの程度にまで，「生涯」の雇用を保障していた「終身」雇用であった。それが，平均寿命の延伸の結果，「定年」制度は，「生涯」の雇用までは保障しないものになったということである。当然ながらそれは，いわゆる，人口における不就労年齢層（定年後の年齢層）の割合が増加する，ということを意味するのであり，逆にいえば，社会経済を維持するための生産年齢層（いわば「現役世

代」）における負担が増加するということであり，この負担増に対する配慮は社会経済維持のためには必須なところである。

　また，元来，定年制が加齢による労働者の適格性（能力，体力）の減退を理由とするものであるならば，平均寿命の延伸とともに加齢による労働能力の適格性の減退の度合いが緩やかになっていることは，経験則からしても一概に否定できないから，労働者の適格性という点からしても，その「定年」の年齢が，平均寿命の延伸とともに，より高年齢へと変遷していくのは，ある程度自然の理といえる。問題は，前述1のとおり，労働者個人の適格性（能力，体力）が加齢とともに減退していく一方で，年功給的賃金体系により賃金が加齢とともに上昇していくという，相反する事情を調整し，人事の刷新・経営の改善等，使用者の組織および運営の適正化を図るという定年制の趣旨をいかにして保全するか，である。

3 高齢者の活用のための定年年齢の引上げ

　前述1，2のとおり，わが国の全体人口における非就労人口の割合は，少子高齢化により急速な増加傾向にあり，国としてもその対策の一環として，高齢者の活用，端的にいえば定年年齢の引上げ（あるいは定年後の継続雇用制度の導入〜高年齢者雇用安定法）を図ってきたところであるが，わが国の少子高齢化のスピードとそれに伴う非就労人口の増加の進度に追いつくに至っておらず，さらなる高齢者活用の施策が必要となっている。もっとも，高齢者の健康状態（ひいては就労可能な程度）には個人差が大きいことは否めず，さらには，いみじくも昭和43年の最高裁判例（前掲秋北バス事件）においてすでに指摘されていたとおり，実は，雇用延長・高齢者雇用の拡大は，ほとんどの場合，年功序列賃金という障害に行き当たるのである（率直にいって，上記最高裁判例が50年以上前のものであることを考えると，当時の最高裁判事の慧眼には感嘆を禁じ得ない）。

　高齢者の雇用については，いかに上記2つの問題点を勘案しての制度設

計を行うか，また，いかに実際に起きた問題事案（紛争事案）に対処するか，が最重要課題となると思われる。

第2章

高齢者雇用と雇用延長

第1 序〜高齢者雇用の法制の変遷

1 55歳定年制から60歳定年制に至るまで

わが国では，昭和20年代に現在の労働法制が成立してから長年，無期雇用者については55歳をもって定年とするのが社会的趨勢であった。しかし，すでに1975（昭和50）年には将来の人口の高齢化が予想されており，1986（昭和61）年には，「高年齢者等の雇用の安定等に関する法律」（高年齢者雇用安定法。いわゆる高年法）が制定され，60歳定年制が努力義務として設けられた。そして，1994（平成6）年には，同法が改正され，60歳を下回る定年が禁止された（施行は1998（平成10）年）。

ここで，現行の60歳定年制となり，2021（令和3）年現在に至っている。

2 65歳までの雇用義務に至るまで

その後，さらなる少子高齢化に対応すべく，60歳定年後65歳までの再雇用継続についても法制化が進むこととなった。

60歳定年制が義務化される前の1990（平成2）年には，高年法改正により，65歳までの継続雇用措置が使用者の努力義務とされており，2004（平成16）年の同法改正により，65歳までの雇用を，⑦定年制の廃止，⑦65歳以上への定年延長，⑦60〜64歳の定年と65歳までの継続雇用措置，のいずれかによって確保すべきことが使用者の義務として規定されるに至った（一般的には，⑦や⑦は使用者にとっては，特に心理的にハードルが高く，⑦の措置のうち，60歳定年制に加えて60〜65歳までの継続雇用措置による対応がとられている）。ただし，このときの改正では，労使間の協定があれば，勤務能力・勤怠などの基準により継続雇用者を選定することができるとされていた。

その後，2012（平成24）年には，再び高年法が改正され，上述の労使協定による継続雇用者の選定の制度が廃止され（ただし，2025（令和7）年までは経過措置あり。平成24年9月5日法律78号，高年齢者雇用安定法改正法附則3項），解雇事由・退職事由に該当しない限り，希望者全員に65歳までの雇用を確保すべき義務が使用者に課されるようになった。

3 70歳までの雇用努力義務の方向

わが国の少子高齢化の進行は，当分の間，緩和する兆しがない。そのため，現在の65歳までの雇用確保を超えて，70歳までの雇用確保の途が模索されている。

2020（令和2）年4月には，大要，⑦〜㋔のうちいずれかを講ずることを努力する義務を使用者に課す旨の，高年法の改正が行われた。

---

⑦　70歳までの定年引上げ

⑦　定年制の廃止

⑦　70歳までの継続雇用制度（再雇用制度・勤務延長制度）の導入（※特殊関係事業主に加えて，他の事業主によるものを含む）

㋔　70歳まで継続的に業務委託契約を締結する制度の導入

㋔　70歳まで継続的に以下の事業に従事できる制度の導入

　a．事業主が自ら実施する社会貢献事業

　b．事業主が委託，出資（資金提供）等する団体が行う社会貢献事業

　（※㋔，㋔については過半数労働組合等の同意を得た上で，措置を導入する必要がある）。

　（※⑦〜㋔では，事業主が講じる措置について，対象者を限定する基準を設けることができるが，その場合は過半数労働組合等の同意を得ることが望ましいとされる）。

現在のところはあくまで努力義務であるが，これまでの法改正の流れ

（まずは努力義務化し，社会においてある程度広まった状況を見て法的義務化を行う）と少子高齢化の進展を併せ考えるに，70歳までの雇用確保が法的義務化されるのは遠い未来ではないように思われる。

4　小　括

　以上，この数十年における高齢者の雇用確保に関する法改正の趨勢を俯瞰してみたが，そもそもこれらの法改正は，昭和20年代より長らくわが国において原則的な雇用形態とされている，いわゆる「正社員」を前提としている。すなわち，元々終身雇用が前提とされ，雇用期間が無期であり，その職務範囲および勤務場所が限定されていない労働者を想定した法改正である。しかし，現在，役員を除く雇用者のうち，有期労働契約社員・パート社員等のいわゆる非正規雇用比率は，37.1％を占めるに至っており（総務省統計局2020年労働力調査）。この著しく進展する少子高齢化社会においては，非正規雇用者たる高齢者の雇用活用も重要な課題である。現に，非正規雇用者（特に有期労働契約社員）についても，事実上，措置がとられてはいるが，正社員の場合とは契約形態が異なるため，その高年齢雇用確保の法制もおのずから異なることになることには注意を要する。

第2	無期雇用者における高齢者雇用

1 現在（2021（令和3）年）における法制の概要

(1) 60歳まで

前述第1のとおり，1994（平成6）年に，高年法改正により，60歳を下回る定年が禁止されている（高年法8条）。

したがって，当該使用者において，就業規則等で定年を60歳未満に定めたり，労働協約，労働契約等の労使の合意により，同様の定めをしたとしても，60歳を下回る定年の定めは無効となり，60歳まで雇用は延長される。

(2) 65歳まで

高年法9条によって，65歳未満の定年の定めがある場合，当該使用者は雇用する高齢者の65歳までの雇用確保の措置として，

⑦　当該定年の引上げ
④　継続雇用制度（現に雇用している高齢者が希望するときは，当該高齢者をその定年後も引き続いて雇用する制度）の導入
⑦　当該定年の定めの廃止

のいずれかの措置をとることが求められている。

上記④の継続雇用制度措置をとる場合には，心身の故障のため業務に堪えられないと認められること，勤務状況が著しく不良で引き続き従業員としての職責を果たし得ないこと等就業規則に定める解雇事由または退職事由に該当する場合以外には，継続雇用を拒否できないとされている（高年齢者雇用確保措置の実施及び運用に関する指針〔平成24年11月9日厚生労

16

働省告示560号〕）。

　ただし，2004（平成16）年の高年法改正の際には労使協定による，勤務能力・勤怠などの基準による継続雇用者の選定が許されており，こうした選定を行っていた使用者のために，以下の経過措置が認められている（平成24年9月5日法律78号，高年齢者雇用安定法改正法附則3項）。

2013（平成25）年3月31日までに継続雇用制度の対象者を限定する基準を労使協定で設けている場合
・2022（令和4）年3月31日までは63歳以上の者に対して
・2025（令和7）年3月31日までは64歳以上の者に対して

　重要な点は，定年後の継続雇用制度はあくまで雇用を継続することを求めているものであって，定年までの労働条件を維持することまでを求めているものではないということである。したがって，定年後の継続雇用についての労働条件は，当該使用者と従業員との間の協議・合意によって決定されることが原則となる（ただし，実務上，当該使用者の規則，当該使用者と労働組合との労働協約によって定められていることもある）。また，当該使用者と従業員との間で賃金と労働時間の条件が合意できないため，当該使用者の側が従業員についての継続雇用を拒否した場合でも，当該使用者の側が合理的な裁量の範囲の条件を提示していれば，労働条件等についての合意が得られず，結果的に従業員が継続雇用されることを拒否したとしても，高年齢者雇用安定法違反となるものではないとされている（高年齢者雇用安定法Q&A［高年齢者雇用確保措置関係］（以下「高年法Q&A」という）Q1−9　https://www.mhlw.go.jp/general/seido/anteikyoku/kourei2/qa/）。

　ただし，使用者の側は，高年法の趣旨（高齢者の安定した雇用を確保する）を逸脱しないような労働条件の提示をする必要はあるのであって，ど

のような低劣な労働条件を従業員に提示してもよい，というものではない。したがって，実務においては，定年後再雇用の際に，使用者の提示する労働条件が上述の合理的な裁量の範囲内であるか否かが争いとなることもみられる。

　なお，社会一般の，定年後再雇用時における労働条件（特に定年前との年収比較）を一覧すれば，おおむね，【図表２−１】のとおりである。

【図表２−１】定年後再雇用時における労働条件（定年前との年収比較）

区分	全産業								製造業		非製造業	
	規模計		1,000人以上		300〜999人		300人未満					
合計	(82)	100.0	(35)	100.0	(26)	100.0	(21)	100.0	(45)	100.0	(37)	100.0
20〜30%未満		3.7				7.7		4.8		2.2		5.4
30 〃 40 〃		2.4		2.9				4.8		2.2		2.7
40 〃 50 〃		**31.7**		**37.1**		30.8		23.8		35.6		27.0
50 〃 60 〃		26.8		25.7		26.9		**28.6**		**37.8**		13.5
60 〃 70 〃		19.5		22.9		26.9		4.8		13.3		**27.0**
70 〃 80 〃		4.9		2.9		3.8		9.5		2.2		8.1
80 〃 90 〃		8.5		8.6		3.8		14.3		6.7		10.8
90 〃 100 〃												
100%以上		2.4						9.5				5.4
平均（%）		53.8		53.6		50.9		57.7		51.0		57.2
最高（〃）		100.2		80.0		80.0		100.2		80.0		100.2
最低（〃）		23.0		38.0		23.0		24.0		24.0		23.0

注１．「90〜100％未満」と回答した企業はなかった。
　２．最高値の「100.2％」（１社）は，“再雇用時に賃金を減額せず，賃金の伸びは鈍化するものの基本給が上昇し続けていく（賞与は若干減額する）”ケース。
出典：労政時報3983号43頁─図表31 再雇用者の65歳到達直前の賃金

　これによれば，定年後再雇用時の年収は，平均で，60歳定年前の53.8％であるが，これは，定年後再雇用時に，職務内容を含めて他の労働条件がどの程度変更になったか，もともとの定年前の年収がどの程度のものであったか，といった事情にもかかるところであり，一概に５〜６割であれば問題ないというものではないことには注意を要する（詳細は後述２(2)参

照）。

(3) 70歳まで

　前述第1のとおり，現時点（2021（令和3）年）においては，2020（令和2）年4月に改正された高年法による，

---

　⑦　70歳までの定年引上げ

　⑦　定年制の廃止

　⑦　70歳までの継続雇用制度（再雇用制度・勤務延長制度）の導入（※特殊関係事業主に加えて，他の事業主によるものを含む）

　⑦　70歳まで継続的に業務委託契約を締結する制度の導入

　⑦　70歳まで継続的に以下の事業に従事できる制度の導入

　　ａ．事業主が自ら実施する社会貢献事業

　　ｂ．事業主が委託，出資（資金提供）等する団体が行う社会貢献事業

のいずれかの措置を行うことを旨とする努力義務にとどまり，法的な問題が生ずることは想定しにくいところである。ただし，早晩，70歳までの定年年齢の引上げは容易に予想されるところであるし，それに至るまでの間でも，従業員間において，恣意的に不公平な取扱いを行った場合には問題となり得る（たとえば，65歳を超えて67歳まで雇用延長措置を設けつつ，会社の恣意的な人選によって一部の従業員について雇用延長措置の対象から除く等）。

２ 実務上生ずる問題点

(1) 俯　瞰

　2021（令和3）年時点における高齢者についての法制（前述1）からすれば，雇用延長について生ずる法的問題としては，定年後の継続雇用措置（いわゆる，定年後の再雇用）をめぐる問題が中心であるが，中には，定

年制度の創設，就業規則の解釈や労働慣行等を理由とする定年延長の成否といった問題もみられる。

　以下に，裁判例を紹介しつつ検討することとする。

(2)　問題例
①　定年制度をめぐる紛争

　高齢者雇用といえば思い浮かぶ法律用語の1つに，「定年」という言葉があろう。この「定年」についても，現在の60歳定年制というものは所与の労働条件ではなく，現在では多くはないであろうが，定年制がない使用者が定年制を設けることもあれば，いったんは65歳なり70歳なりに定めた定年を引き下げるようなこともあり得る。特に後者は，就業規則上の記載では60歳だけれども労使慣行上は65歳定年制であり，それを就業規則の記載どおりに扱いを行うように改める，といった事案があり得る。

　そこで，まずは，定年制をめぐる紛争例を若干概観することとする。

ア　定年制を新設する場合

　このケースは前掲の秋北バス事件（最判昭和43.12.25労判71号10頁）が例としてあげられる。すでに50年以上前の事件であるが，重要な判例であるので紹介する。事案としては，使用者において55歳定年制を新たに定めた就業規則の改正の有効性が問題とされたもので，労働法最大の論点の1つである就業規則の不利益変更についてのリーディング・ケースでもある事件である。まずは，一般論として（以下，下線は筆者が付したものである），「新たな就業規則の作成又は変更によつて，…労働者に不利益な労働条件を一方的に課することは，原則として，許されないと解すべきであるが，…当該規則条項が合理的なものであるかぎり，個々の労働者において，これに同意しないことを理由として，その適用を拒否することは許されない」と説示した（なお，上記の一般論については，現在ではすでに諸判例

の集積をもとに，労働契約法9条，10条が制定されている。就業規則不利益変更の問題の詳細については，本書第3章にて述べる）。その上で，具体的な事案への当てはめとしては，「停年制は，一般に，老年労働者にあつては当該業種又は職種に要求される労働の適格性が逓減するにかかわらず，給与が却つて逓増するところから，人事の刷新・経営の改善等，企業の組織および運営の適正化のために行なわれるものであつて，一般的にいつて，不合理な制度ということはできず，本件就業規則についても，新たに設けられた五五歳という停年は，わが国産業界の実情に照らし，かつ，被上告会社の一般職種の労働者の停年が五〇歳と定められているのとの比較権衡からいつても，低きに失するものとはいえない。」，「本件就業規則条項には，…再雇用の特則が設けられ，同条項を一律に適用することによつて生ずる苛酷な結果を緩和する途が開かれている」，とし，定年制の新設を合理的なものとして有効としている。ごく簡潔に述べれば，⑦高齢化とともに職種に要求される能力が低減する一方で賃金が上昇することから，定年制は不合理な制度ではない（定年制，ひいては高齢者雇用の本質論），④社会一般では同職種の定年は50歳（当時）であり，55歳定年という制度は低すぎない（当時の社会的趨勢），⑨定年後再雇用の制度によって不利益が緩和されている（労働者の不利益の緩和措置），といった諸点より，55歳定年制の新設が合理的と判断されたものである。上記④は現在の社会情勢にはそぐわないものとなっているが，上記⑦の論旨前半部は，高齢者の問題を考えるにあたり，常に，1つのキーポイントとなり得る要素である。

イ　定年年齢引下げの場合

使用者の中には，定年として定めた年齢を引き下げるという例もみられる。これは，一見，高齢者雇用の拡大という社会一般の流れに反するようにみえるが，当該使用者としては高齢者雇用に伴う人件費増大の節減や若

手・中堅へのポストを確保する必要がある場合も考えられる。

　定年年齢引下げを法的に有効とした裁判例としては，芝浦工業大学（定年引下げ）事件（東京高判平成17.3.30労判897号72頁）があげられる。これは，私立大学の教員の定年を72歳（一部の者については70歳）から65歳に引き下げる就業規則の改定が問題となった事案であるが，上記判決は「被控訴人（筆者註：使用者）において，<u>収入確保（定員割れ防止）を目的とする大学教育の先進性の維持・向上（教育の質の向上）のための施策</u>の実施の緊急の必要性があり，豊洲キャンパス進出計画，学位を取得した<u>若手研究者の採用及び高齢教員の早期退職による年齢アンバランスの解消による組織の活性化</u>は，被控訴人において必要かつやむを得ない措置であるといえること，被控訴人の<u>財政状況は必ずしも安定した状態とはいえず</u>，その中で高齢教員の人件費の負担削減の必要性があることからすると，定年引下げの必要性は相当高い…。…変更後の就業規則の内容も相当性を有しているし（筆者註：多くの大学の定年が65歳であること，当該私立大学も徐々に65歳定年の教職員が増えてきていたこと等），平成13年就業規則の施行に伴って実施された退職金加給，新優遇制度，シニア教職員制度も定年引下げの<u>代償措置として不十分とはいえないし</u>，被控訴人と組合は，平成13年就業規則による定年引下げについて合意に至らなかったものの，被控訴人は，平成13年就業規則の制定に向けて適切な手続を踏んだものといえる。」とした。また，定年年齢引下げに固有の説示として，「控訴人ら（筆者註：当該労働者）に生じる不利益は，従前の定年…まで継続勤務したと仮定した場合に得られる賃金及び退職金の差額として捉えると決して小さいものではない。けれども，…<u>不利益とされる賃金等の差額も，…現実に従事した労働の対価によるものではない</u>（筆者註：定年引下げにより，その分，労働にも従事しないため）。そうすると，求められる代償措置も，不利益とされる差額にある程度近い経済的な代償が求められるのではなく，相応のもので足りる」としている。

　一方，定年年齢引下げを無効とした裁判例としては，大阪経済法律学園（定年年齢引下げ）事件（大阪地判平成25.2.15労判1072号38頁）があげられる。これは，同じく私立大学において，定年年齢を70歳から67歳に引き下げた事案である。上記判決は，「少子化及び大学数の増加に伴う私立大学間の競争激化や周辺の他の私立大学の動向といった本件大学を取り巻く環境の変化に対応するため，一定の必要性は認められ，また，満67歳という定年も合理的なもの」としつつも，「教員の平均年齢の引き下げや年齢構成の偏りの是正は，中堅層の採用等によってある程度実現されており，緊急の課題とまではいえないこと，本件定年引き下げにより不利益を被る労働者に対する代償措置・経過措置として被告（筆者註：使用者）が主張する本件再雇用制度は，本件定年引き下げと一体としてみれば，旧規程の下で満70歳まで働くことが可能であった労働者の一部について，解雇理由がなくても満67歳で解雇できるようにしたのと同様の効果しかなく，本件定年引き下げにより不利益を被る労働者に対する代償措置，経過措置とは評価できないこと，…他に，定年の段階的引下げのような経過措置や，退職金の割増しのような代償措置はとられていないところ，これらの措置をとることが不可能ないし困難な事情があったとはいえないこと」を理由に，上記定年引下げにつき，使用者側の必要性と比較して，労働者側の被る不利益が大きく，合理性が認められないとした。

　上記両判決を俯瞰すれば，芝浦工業大学（定年引下げ）事件のほうが72歳から65歳と定年年齢引下げの度合いがかなり大きかった（すなわち労働者の不利益が大きかった）にもかかわらず，定年年齢引下げが有効とされていることがわかる。「社会一般では65歳定年が多いからうちも65歳でよいだろう」といった考えはリスクが大きいというべきであるが，判決文にもあるように，使用者における年齢構成の修正の必要性（財務的なものに限らず，教育上のもの等も含まれる），財政状況，代償措置の程度といっ

た諸事情を整理して理論構成することで結論が変わり得るともいえよう。

　定年年齢引下げに限ったことではないが，上記両判決でも，代償措置（もっと広くいえば不利益緩和措置）の有無，内容およびそれを実施できる余地の有無を検討しており，使用者としては，「退職金加給」などの金銭的補償や定年引下げにしても段階的な引下げなどといった措置等，労働者に対するフォローを可能な限り検討することが妥当といえよう。

ウ　定年年齢の理解をめぐる紛争

　定年制をめぐる問題は，前述ア・イのような，制度としての定年制の創設や変更（主に定年年齢の引下げ）の場合に限らず，定年制の運用，解釈をめぐって生ずることもある。比較的多くみられるのが，使用者の規程の文理上は定年が○○歳となっていたにもかかわらず，事実上の運用としては，ほぼ○○歳よりも高年齢まで雇用することとなっているような場合，さらには，その高年齢雇用を保障する別途の暗黙の合意がみられるような場合である。

　規程上の定年年齢を超えた雇用を認めた裁判例で最近のものとしては，社会福祉法人ネット事件（東京地判立川支部令和2.3.13労判1226号36頁）があげられる。これは，障害福祉サービス事業を営む法人が，施設長の満65歳の定年を延長できること，また，施設長は理事会の議決を経て理事長が任免することを規程（前者は就業規則，後者は定款）により規定していたところ，施設長側より，（65歳定年を過ぎた後になって）65歳を超える雇用継続を不承認とした理事会の決議は解雇の意思表示にあたり無効であるとして争った事案である。上記判決は，当該施設長が定年に達した際，雇用を延長する旨の手続が何ら行われないままに，施設長としての勤務を継続していたことにより雇用契約の黙示の更新が推定され（民法629条），理事会が雇用継続を不承認とした時点では，法人と施設長との間の労働契約は期限の定めのないものとして存在しており，それを終了させるには解

雇の意思表示が必要であるとした上で，理事会の雇用継続を不承認とする
意思表示は解雇の意思表示と評価する余地はあるものの，解雇に必要な客
観的に合理的な理由や社会相当性（労働契約法16条）の主張立証を法人側
がしていないことを理由に，当該施設長側の主張（雇用継続）を認めてい
る。この事例は，雇用を延長するのであれば，本来の規程どおりに，定年
退職日までには理事会の承認を経るべきであったところ，定年退職日を過
ぎた後もそのまま勤務を続け，判決文によれば，約10年を経てから理事会
の決議がなされたという前後関係が，上述のような判決結果を生んだ理由
と思われる。

　また，規程上の定年年齢を超えた雇用延長の効果を認めた別の例として，
日本大学（定年・本訴）事件（東京地判平成14.12.25労判845号33頁）もみ
られる。上記判決は，私立大学の理事会で当該教授の定年延長を否決した
ことにつき，当該私立大学では，定年を延長する行為が長期間反復継続し
て行われており，労使双方が明示的に当該慣行によることを排除，排斥し
ていないこと，当該教授について定年延長を否定する正当事由もないこと
から，当該教授への定年延長の否決は解雇権の濫用に該当するもので無効
であるとして，当該教授の地位確認請求を認容している。本件においては，
定年延長が慣行となっていると認められたことが上記結論に大きく影響し
ているが，そのプロセスを紹介すれば，定年延長の行為について，まず，
労使慣行の存在の認定に必要な①事実の継続の点は「少なくとも昭和56年
以降，法学部の教授で，定年延長を希望する意思を最終段階まで有しなが
らそれがかなえられなかった例は，全くない」と認定し，②労使双方の規
範意識については，「被告（筆者註：使用者）の広報でも，また，各種の
諮問答申の類も，すべて，被告の学内においては，教授に関しては65歳定
年が有名無実化して70歳定年になっていることを異口同音に指摘している。
…財務運営に関する特別委員会の答申を理事会で発表した際の理事会でも，
定年延長をめぐる労使慣行を否定した議論はなく，…使用者側の一定の裁

量権を有する者の間でも，規範意識を有していた…。以上の検討によれば，本件労使慣行について，労使双方が明示的に当該慣行によることを排除，排斥しておらず，労働条件の内容を決定し得る権限を有する使用者側の者も含めて労使双方の規範意識に支えられているという事実を認定することができる。」としている。

　一方，規程上の定年年齢を超えた雇用の延長を認めなかった裁判例としては，学校法人同志社（大学院教授・定年延長拒否）事件（大阪高判平成26.9.11労判1107号23頁）がみられる。これは，学校法人の大学院（本件大学院）の教授であった者が，就業規則に定められた定年（65歳）につき，1年間の定年延長を受けた後，定年延長がなされずに定年退職の扱い（本件退職）となったことについて，解雇権の濫用法理の類推適用によって無効であると主張して，学校法人に対し，労働契約上の地位にあることの確認ならびに未払賃金等を求めた事案である。上記判決は，<u>本件退職は合意所定の定年に達したためであるから解雇権濫用法理は類推適用できないこと</u>（なお，一審判決（京都地判平成26.3.24労判1107号35頁）の，<u>70歳までの定年延長が事実たる慣行であったとの当該教授側の主張を退けた判断も是認している</u>），当該教授が本件大学院研究科の研究科長からの要請（当該教授がプログラム長を務めるプログラムについて，嘱託講師の立場をゲストスピーカーに変更してほしい旨）を拒否したり，別のプログラムの委員会に参加しなくなったりしたこと等，学校法人が定年延長を認めなかったことには合理的理由があることなどから，本件退職は適法であるとした。

　上記の裁判例を概観するに，就業規則等の規程所定の定年の定めは，原則としてはその効力を認められるものの，使用者側に何らかの要因（定年退職日を徒過しての黙示の労働契約更新，ほぼ例外なく一定年齢まで定年延長が認められていたという事実の反復継続等）があった場合においては，無効化する（定年延長の効果が認められる）といえよう。

　すなわち，使用者側としては，定年の規程を設けるとしても，それを空

26

文化するような運用を行っていれば、必ずしも規程どおりの法的効力（定年による雇用終了）を主張できなくなることに留意すべきである。仮に、特に定年を延長してまでも就業してほしい人材について雇用を延長する場合にも、できるだけ期間を特定した特別な合意（むろん、書面上のものが望ましい）をもって行うべきであろう。

② 定年後の継続雇用の成否をめぐる紛争
ア 60歳における継続雇用と問題点の生じ方

現在の法制においては、前述**第2 1**のとおり、60歳を下回る定年が禁止されている（高年法8条）。その上で、65歳未満の定年制の、65歳までの雇用確保の措置として、㋐当該定年の引上げ、㋑継続雇用制度の導入、㋒当該定年の定めの廃止、のいずれかの措置をとることが求められており（高年法9条）、多くの使用者では上記㋑の措置が選択されている。したがって、多くの期間の定めのない労働者について、60歳定年を迎えた際に、65歳までの継続雇用制度が適用されるのであるが、その際、労働者側が望む継続雇用を使用者側が拒否することで紛争になることがある。

紛争の生じ方としては、実務上、

㋐ そもそも使用者側が再雇用自体を拒否する場合
㋑ 使用者側は再雇用を拒否していないが、労働者との間で再雇用についての契約条件（労働条件）が合致しない場合
㋒ 2004（平成16）年の高年法改正の際に認められていた、労使協定により勤務・勤怠などの基準による継続雇用者を選定（経過措置によって、2022（令和4）年3月31日までは63歳以上の者、2025（令和7）年3月31日までは64歳以上の者に対して可能とされている）することで、使用者側が再雇用を拒否する場合

といったパターンが考えられる。

このうち，⑦は，高齢者の雇用についての人件費抑制の問題点にも関わるので，第3章で後述することとし，ここでは，上記⑦，⑨の順に検討することとする。

イ　定年後の継続雇用措置を設けている使用者が個別の労働者に継続雇用自体を拒否する場合

i　序

使用者は，当該労働者が，就業規則に定める解雇事由または退職事由に該当する場合（たとえば，心身の故障のため業務に堪えられないと認められる場合，勤務状況が著しく不良で引き続き従業員としての職責を果たし得ない場合など）以外には，継続雇用を拒否することができない（高年齢者雇用確保措置の実施及び運用に関する指針［平成24年11月9日厚生労働省告示560号］）。したがって，使用者の継続雇用拒否の問題は，当該労働者に上記の解雇事由等が認められるか否かの問題，すなわち，労働契約法16条の問題に帰結することが多い（具体的にいえば，使用者が再雇用を拒否するためには，労働契約法16条所定の要件である，客観的に合理的な理由と社会通念上相当であることが必要である）。これは，高齢者雇用に限らず労働者の雇用全体の問題であるので，本書では詳細は割愛するが，一般的傾向として，もともと当該労働者について定年到達時に解雇事由が存するような場合，定年到達時以前に解雇にしていることがほとんどであろうから，定年時に解雇事由ありとして再雇用拒否が行われることは実際上多くないと思われる。

もっとも，理屈の上では，以下のとおり，何点かの問題点を含んでいる。

<定年後の雇用制度を設けていない場合>

　まず，60歳定年制の企業で，60歳の定年後につき，継続雇用制度など
の雇用制度を設けていない場合，使用者が個々の従業員に対し60歳以降，
再雇用等の義務を負うか，という問題が提起されることがある。高年法9
条1項の65歳までの継続雇用制度を設ける企業の義務は，理論的には公法
上の義務であり，私法上の効力（継続雇用の請求権やみなし効）を与えた
ものではないと解されており（菅野和夫『労働法［第12版］』（弘文堂，
2019年）758頁等），同法の義務違反，すなわち，使用者側が継続雇用制
度を設けていないとしても，現在のところ，それを理由とする損害賠償請
求権も否定されている（NTT西日本（高齢者雇用・第1）事件　大阪高判
平成21.11.27労判1004号112頁）。

　もっとも，上記の高年法9条1項の義務に違反した場合，厚生労働大臣
より助言・指導・勧告を受けることがあり，かつ，その勧告に従わない事
業主については，その旨を公表されることがある（高年法10条）。

　実務としては，現在のような高齢化が進み，社会的にもその対策が急務
であるというコンセンサスが成立しているような状況で，公法上の義務に
とどまるからといって高年法上の義務（継続雇用制度等を設ける義務）を
果たさないことは，使用者としての社会的責任を放棄するものとの評価が
避けられないと思われる。

<使用者側が60歳の定年退職者に対し，継続雇用の申出をしないことにつ
き，正当な理由がなかった場合の効力>

　使用者側が，60歳定年後の継続雇用制度を設けている場合（ほとんどの
会社［企業］がこれに該当するであろうが），期間の定めのない労働者が
60歳の定年退職を迎えた際に，原則として，解雇事由または退職事由がな
ければ使用者側は当該労働者を継続雇用しなければならないのであるが
（高年齢者雇用確保措置の実施及び運用に関する指針［平成24年11月9日
厚生労働省告示560号］），実際に使用者側からの継続雇用拒否があった場
合に，使用者と当該労働者との間に雇用契約関係が成立するか否かは別の
問題となり得る。

　まず，当該労働者の欠格事由への該当性が客観的に認められず，かつ再雇用後の賃金・労働条件が特定できる場合には，継続雇用につき黙示の合意が成立したものと認められる（前掲菅野・760頁）。たとえば，東京大学出版会事件（東京地判平成22.8.26労判1013号15頁）は，使用者側の「就業規則…に基づき定められた<u>再雇用契約社員就業規則</u>…は，被告（筆者註：使用者）を定年退職した職員のうち再雇用を希望する者について，その取扱い，<u>条件等</u>を定めるものである…と規定」していた事案において，当該労働者は，「再雇用就業規則所定の取扱い及び条件に従って，被告との間で，再雇用契約を締結することができる雇用契約上の権利を有する」と説示している。

　一方，当該労働者の労働条件が特定できない場合（再雇用後の賃金額について合意が成立していないと認められる場合）は，再雇用契約成立の効果は認められない（前掲菅野・760頁）。代表的裁判例として，日本ニューホランド（再雇用拒否）事件（札幌高判平成22.9.30労判1013号160頁）は，企業内の少数派労働組合の中央執行委員長が定年退職した際，使用者側が再雇用拒否した事案において，当該労働者にも再雇用制度の適用がある（再雇用拒否は違法）ものの，当該使用者における再雇用制度による再雇用契約は，定年退職者が使用者と新たに締結する雇用契約であり，雇用契約では，賃金額は契約の本質的要素であるから，これが定まっていない再雇用契約の成立は法律上考えられず，使用者の再雇用に関する規程では再雇用賃金は当事者間の合意により定まるとされているにもかかわらず（ここが，前述の東京大学出版会事件との大きな相違点である），使用者側は賃金額につき何らの意思表示もしていないとして，再雇用契約の成立を否認している。ただし，上記判決は，当該使用者が不法行為による損害賠償義務（慰謝料）を当該労働者に負うとし，その損害額を当該労働者の定年前の月額賃金の約20カ月分の額としている。

ⅱ　休職中の社員が休職期間中に定年退職日を迎えた場合

実務上，高齢者の再雇用拒否に比較的多くみられる問題として，

> 労働者がすでに定年前に私傷病休職に入っており，満60歳の定年退職日までには復職できないが，就業規則所定の休職期間も満了していない

というケースがある。この問題については，適当な裁判例が見当たらないが，理屈で考えれば，私傷病休職は解雇猶予措置であり（菅野和夫『労働法［第12版］』（弘文堂，2019年）742頁），就業規則所定の休職期間が満了しない限り定年とは独立した独自の解雇事由が生じたとはいえず，上述のようなケースでは，必ずしも再雇用拒否はできない，ということになる。したがって，休職中という使用者に在籍している状態で，満60歳定年後の65歳までの雇用継続措置を受けることとなり，それ以降の雇用存続は，継続雇用時に適用される就業規則によるところとなる。

　なお，付言すれば，多くの場合，継続雇用は１年ごとの期間雇用となっており，当該継続雇用者に適用される就業規則における私傷病休職についての規定の内容いかんということとなる。2020（令和２）年４月施行のパートタイム・有期雇用労働法は，通常の労働者（契約期間の定めのないフルタイム労働の労働者）と有期契約労働者との間で，不合理な待遇の禁止（同法８条），差別的取扱いの禁止（同法９条）を規定しているが，同法の規定は，定年後再雇用の有期契約労働者にも適用されるため（長澤運輸事件（最判平成30.6.1労判1179号34頁）等もこれを前提としている），通常の労働者である定年前の正社員について，その就業規則上私傷病休職制度が存する使用者であれば，有期契約労働者である定年後の継続雇用者について私傷病休職制度が全く存しない場合，上記のパートタイム・有期雇用労働法に違反する可能性が出てくる。私傷病による休暇が問題となった事案ではあるが，日本郵便（時給制契約社員ら）事件（最判令和2.10.15労判1229号58頁）が，有期契約労働者にも「相応に継続的な勤務が見込まれるのであれば，私傷病による有給の病気休暇を与えることとした趣旨は妥

当するというべき」と判示していることからしても，私傷病による休暇や休職制度の有無についてまで，無期契約労働者と有期契約労働者との間で差を設けることは原則として不合理であると考えていると解される。もっとも，上記日本郵便（時給制契約社員ら）事件は，有期契約労働者と通常の労働者との間に休暇の日数について差を設けることは不合理なものではないとしており，その日数の差には使用者に相応の裁量が認められるものと思われる。

　また，私傷病休職制度を設けなかった場合の私法的効果として，無期契約労働者に設けられている私傷病休職制度が当然に有期契約労働者にまで適用されるとも解されないであろう（私傷病休職制度が設けられていなかったことにより，実際に有期契約労働者が受けた損害が補償されることになると思われる）。

ウ　選択雇用制の場合

　使用者の中には，60歳定年制およびその後の継続雇用制度を導入する際に，人件費抑制の見地より，「定年前（たとえば55歳）より賃金を抑制しつつ定年後も継続雇用をする」か，「定年前は賃金を抑制しないものの定年後は継続雇用を行わない」かのいずれかを労働者に選択させる，という制度をとるものがみられる。こうした選択制度が，継続雇用措置を規定する高年法の趣旨に反するものではないかが問題となることがある。

　この点についての裁判例として，前掲NTT西日本（高齢者雇用・第1）事件（大阪高判平成21.11.27労判1004号112頁）は，労働者の選択により，

　⑦　繰延型～51歳以上の者が当該企業を退職し地域会社に再雇用され，60歳定年後も最長65歳まで契約社員として地域会社に再雇用される（勤務地は限定された中から労働者が選択でき，所定内給与が20％～30％低下する。ただし，地域会社の退職手当および（61歳以降の）契約社員

期間の給与加算等の激変緩和措置あり）。

⑦　一時金型～雇用形態としては上記⑦と同様。ただし，激変緩和措置は，一時金支給（給与減額分×60歳までの残年数の約半額）。

⑦　60歳満了型～当該企業で，または地域会社以外の関連会社に出向して，60歳まで勤務し，60歳を超えた再雇用はない。

のいずれかの類型の取扱いがされた事案について，高年法９条は「同条の趣旨に反しない限り，各事業主がその実情に応じて多様かつ柔軟な措置を講ずることを許容していると解するのが相当であり，また，同法の雇用確保措置によって確保さるべき雇用の形態は，必ずしも労働者の希望に合致した職種・労働条件による雇用であることを要せず，労働者の希望や事業主の実情等を踏まえた常用雇用や短時間勤務，隔日勤務等の多様な雇用形態を含むものと解するのが相当である。」と判示した上で，⑦，⑦の類型における労働条件の低下については，「高年齢者の雇用は事業主に相応の負担を生じさせるものであること，また，同条１項２号で定める継続雇用制度は上記のとおり各事業主の実情に応じた柔軟な措置が許容されることを踏まえると，労働条件が低下することや無条件に年金支給開始年齢までの雇用が保障されていないことをもって直ちに同号で定める継続雇用制度に該当しないとまで直ちにはいえない。そして，繰延型又は一時金型における賃金の低下については，…，立法段階において，各企業の実情を考慮すること，殊に限られた経営資源の中で65歳までの雇用確保を求める場合，賃金減額や労働時間の短縮を検討することも必要との認識があったと解されること，地域会社における退職金等において一定の措置が採られていること，勤務地も限定的なものとなり，かつ，雇用保険等，公的給付や企業年金の支給との組み合わせ等により，多様な生活スタイルに応えるものとなっていると評価しうることを総合考慮すると，総所得が低下する場合があるとしても，そのことのみをもって直ちに同号で定める継続雇用制度に

反するとまではいえない。」と判示した一審判決（大阪地判平成21.3.25労判1004号118頁）を維持している。

　この判決からすれば，雇用延長措置がとられた際に，労働者個々人のそれまでの既存の利益（上記の例でいえば，60歳まで所定のとおりの賃金を受け取るという利益）を確保する途（選択肢）を残しつつ，継続雇用に伴う使用者の負担（総人件費，職務ポスト等の確保の必要性）を軽減する措置をとるという手法が無難であるといえる。

　ただし，上記判決をもって，65歳雇用までの選択の余地を残していれば，いかような労働条件でも使用者側の裁量に委ねられているとまで理解することは失当である。あくまで，「各企業の実情」，「殊に限られた経営資源の中で65歳までの雇用確保を求める場合，賃金減額や労働時間の短縮を検討すること」が，当該企業にとってどこまで必要なのか，といった個別の事情に応じ，賃金減額，労働時間短縮の許容される範囲は各個に判断されると解されよう。

　なお，この問題は，何も「60歳定年制＋65歳までの継続雇用制度設定」という場合に限って生じ得るものではなく，今後，雇用延長が70歳に伸張した場合においても，雇用延長による総人件費，職務ポスト配分の調整といった必要があるたびに生じ得る問題である。

エ　継続雇用制度が複線的である場合

　実務においては，60歳定年以後65歳までの継続雇用（再雇用）制度を設けつつも，定年までの実績等に勘案して，複線的な処遇を行うことを制度化している場合がある。たとえば，一定レベル以上の実績がある者については「ランクA」，それ以外の者は「ランクB」の処遇といった制度である。このような場合，上記の例でいえば，定年後再雇用時に企業側よりランクBと判断された労働者から，ランクAの処遇を求められることがある。この点についての代表的裁判例としては，京王電鉄ほか1社事件（東京地

判平成30.9.20労判1215号66頁）がある（なお，二審（東京高判令和元.10.24
労判1244号118頁）でも，この判決は維持されている）。事案の大要は，当
該使用者が定年後再雇用の制度として，継匠社員制度および再雇用社員制
度を設けていたところ，定年を迎え，継匠社員制度に基づく雇用継続を希
望したが認められずに再雇用社員制度の再雇用契約となった労働者らが，
継匠社員としての労働契約上の地位の確認等を求めて当該使用者を提訴し
たというものである。上記判決は，そもそも高年法がその法的効力として，
当該使用者と当該労働者との間に継匠社員としての労働契約を認め得るか
否かの問題につき，「高年法9条1項は，事業主に対し高年齢者を雇用す
る私法上の義務を負わせ又は同項に違反する労働契約を無効とするなどの
私法的効力を有するものではない…。…仮に継匠社員制度が高年法所定の
継続雇用制度に当たるとしても，これにより，被告電鉄バス（筆者註：使
用者）が原告ら（筆者註：当該労働者ら）を継匠社員として雇用する義務
を負い又は継匠社員制度選択要件が無効となるなどの効力が認められるも
のではなく，原告らが継匠社員として雇用されるものと期待することにつ
いての合理的な理由等が基礎付けられるということもできない。」として
これを否定した上で，なお，念のためとして，継匠社員制度が高年法所定
の継続雇用制度に当たるかにつき検討するとし，高年法上の「継続雇用制
度は，…現に雇用している高年齢者のうち就業規則に定める解雇事由又は
退職事由（年齢に係るものを除く。）に該当する者を除く希望者全員をそ
の定年後も引き続いて雇用することを内容とするものでなければならない
ものと解される（高年法9条1項2号，同条3項，実施運用指針，同法附
則3項）。しかし，…継匠社員制度は，継匠社員制度選択要件を規定して
おり，現に雇用している高年齢者のうち就業規則に定める解雇事由又は退
職事由に該当する者を除く希望者全員をその定年後も引き続いて雇用する
ことを内容とするものではなく，…継匠社員制度は，…継続雇用制度に当
たるということはできない。」として，当該使用者は当該労働者を継匠社

員として継続雇用する義務を負うものではないとした。加えて，上記継匠
社員制度が，継匠社員の選択要件として，「直近過去5回の昇給及び昇進
評価において，C評価が3回以上あった者」に当たらないことを規定して
いることについて，「同昇給及び昇進評価は，本件評価制度の下における
実績評価及び行動能力評価によるもので…，乗務員は，継匠社員制度を選
択した場合，定年前と同じく正社員仕業を担当することとなるのであるか
ら，乗務員の定年時付近における実績評価は，同乗務員が継匠社員制度を
選択した場合における実績評価の予測に資するものということができる。
…行動能力評価は乗務員の責任感や規律遵守に係る意識等を評価項目とす
るものであるところ，これらの評価項目は，その評価対象行動の性質から
して，定年を機に大きく改善されることが一般的であるとはいえない…。
これらの諸点等に鑑みれば，継匠社員制度選択要件が定年前直近の過去5
回の昇給及び昇進評価において一定水準以上の評価を得るよう求めるもの
であることをもって，直ちに不合理であるということはできない。」とし，
それに沿って，当該労働者らが継匠社員に選択されなかったことにつき違
法ではないとした。

　上記判決は，理屈の点では，継続雇用の制度が複線的となっている場合
により上位のランク（上述の例では「ランクA」）の労働契約が成立する
ことにつき，高年法からは直ちにこうした効力が認められないことを，実
務の点では，上位のランクに選択されるための要件の評価（実績，行動基
準の合理性）を説示したものである。ただし，問題になるのが，より上位
のランクの労働契約の存否ではなく，単純に，継続雇用としての労働契約
の存否であるような場合，その労働契約の内容が会社の規程等で特定でき
れば，労働契約の成立が認められる場合があることには，注意が必要であ
る（前述イⅰの東京大学出版会事件，後述オの津田電気計器事件等）。

　実務について付言すれば，上述のような継続雇用におけるランク付けを
行う場合，前掲京王電鉄ほか1社事件のように，業務評価（人事考課）の

結果を要件とすることが多くみられるが，往々にして，この業務評価その
ものについての争いとなることが多い。したがって，継続雇用（定年後再
雇用）前の業務評価が適正（と第三者からみても評価されるよう）なもの
であることが必要であり，一定期間ごとの被評価者への評価のフィード
バック，その際の被評価者への改善すべき点の告知，日常の業務における
問題点（あればであるが）を指摘しての注意・指導，といった事跡を残し
ておくことが肝要である。

**オ　労使協定で定める再雇用対象者の基準により，再雇用者を限定すること
の可否の問題**

　第１　２で前述したように，2012（平成24）年の高年法改正の後は，高
年法９条によって，65歳未満の定年の定めがあり，使用者が継続雇用制度
（現に雇用している高齢者が希望するときは，当該高齢者をその定年後も
引き続いて雇用する制度）の導入を選択した場合（多くの使用者はこの選
択をしている），定年に達した労働者が就業規則に定める解雇事由または
退職事由に該当する場合以外には，継続雇用を拒否できないとされた（高
年齢者雇用確保措置の実施及び運用に関する指針［平成24年11月９日厚生
労働省告示第560号］）が，経過措置として，2013（平成25）年３月31日ま
でに継続雇用制度の対象者を限定する基準を労使協定で設けている場合，

・2022（令和４）年３月31日までは63歳以上
・2025（令和７）年３月31日までは64歳以上

の者については，当該労使協定の基準に該当しない者は定年後の再雇用の
対象から外すことができるとされている（平成24年９月５日法律78号，高
年齢者雇用安定法改正法附則３項）。したがって，現在でも，実務上，労
使協定の再雇用対象者の基準の該当の有無が問題となることがある。

　この場合，まずは，労使協定の基準を適用して再雇用の対象からある労働者を外すには，当該基準が，ある程度合理的なものであることが必要となる。すなわち，厚生労働省のホームページに掲載されている「高年法Q&A」によれば，「協調性のある者」や「勤務態度が良好な者」という具体性に乏しい基準でも，労使協定締結の際に労使間で十分協議の上定められたものであれば，高齢者雇用安定法違反とまではいえないが（Q4－4），それこそ「会社が必要と認めた者に限る」，「上司の推薦がある者に限る」，「男性（女性）に限る」などといった，使用者の自由裁量に等しいものや不適法な差別に該当するものは基準として認められないとされている（Q4－1）。

　上述のとおり，労使協定の基準がある程度合理的なものであるという前提に立った上で，労使協定で定めた基準により再雇用者を限定することの可否が問題となるのであるが，この点についての代表的裁判例としては，津田電気計器事件（最判平成24.11.29労判1064号13頁）があげられる。定年を迎えた労働者が，定年前より使用者側に定年後の継続雇用の希望を伝えていたが，使用者側が，当該労働者は再雇用者の対象基準の要件を満たさないとして，継続雇用を拒否したという事案である。上記判決は，第二審（大阪高判平成23.3.25労判1026号49頁）の認定（当該使用者は，当該労働者の査定等の内容の点数化にあたり，直近の査定帳票を用いず，賞罰実績につき表彰実績を加算しないなど評価を誤っていたが，適正な評価によれば，再雇用対象者の基準を満たしていた，というもの）を前提とした上で，「期限の定めのない雇用契約及び定年後の嘱託雇用契約により上告人（筆者註：使用者）に雇用されていた被上告人（筆者註：当該労働者）は，…継続雇用基準を満たすものであったから，…嘱託雇用契約の終了後も雇用が継続されるものと期待することには合理的な理由があると認められる一方，上告人において被上告人につき上記の継続雇用基準を満たしていないものとして…再雇用をすることなく嘱託雇用契約の終期の到来により被

38

上告人の雇用が終了したものとすることは，他にこれをやむを得ないものとみるべき特段の事情もうかがわれない以上，客観的に合理的な理由を欠き，社会通念上相当であると認められないものといわざるを得ない。したがって，本件の前記事実関係等の下においては，前記の法の趣旨等に鑑み，上告人と被上告人との間に，嘱託雇用契約の終了後も本件規程に基づき再雇用されたのと同様の雇用関係が存続しているものとみるのが相当であり，その期限や賃金，労働時間等の労働条件については本件規程の定めに従うことになるものと解される。」と判示している。すなわち，労使協定による再雇用対象者の基準に合致する者に対しては，その雇用が存続するものと認定される，ということである（もっとも，これも，労働条件について，規程によりある程度は特定し得る場合であることが前提となっていると思われる。前述イ i 参照）。

　なお，上記判決において前提となっている，当該使用者の当該労働者に対する評価の誤りの主なものとして，「直近の査定帳票を用い」なかったことをあげているが，これは，当該使用者の規程（継続雇用規程）の解釈によるものである。当該使用者は，複数年度の査定帳票を用いていたのであるが，使用者の規程の解釈からはこのような方法は読み取れないことを理由に，当該使用者の評価を誤りとしている。すなわち，企業においては，自らの規程の解釈には厳格を期すべきであるという教訓が読み取れる。

　カ　継続雇用後の契約更新をめぐる紛争

　わが国の多くの使用者では定年は60歳となっており，定年退職後65歳までの継続雇用は，一般的には有期雇用契約（多くみられるのは1年契約）により行われている。そこで，定年時にいったん，1年を期間とした有期雇用契約を締結し，1年契約を何回か経た後の当該労働者の雇用終了（雇止め＝更新拒否）の可否が問題となることがある。

　この点は，2012（平成24）年の高年法改正前に認められていた労使協定

の基準による再雇用対象者の限定がなされている場合（現在，経過措置により一部効力あり。前述オ参照）とそうではない場合とで分けて考える必要がある。

<＜労使協定により再雇用対象者の限定がある場合＞

　この場合，形式的な確認として，まずは労使協定の基準による再雇用対象者の限定が許される年齢を超えているか否かを確認することとなる。この点もオで前述したところであるが，

・2022（令和4）年3月31日までは63歳以上
・2025（令和7）年3月31日までは64歳以上

の労働者についてのみ，当該限定が許されることとなる。

　上述のような年齢の要件に抵触しないことを前提とすれば，定年退職後の継続雇用における有期雇用契約の更新拒否（雇止め）についても，定年時の再雇用のときと同様に，労使協定の基準に該当するか否かにより判断されることになる（前述オの問題となる）。

＜労使協定による再雇用対象者の限定がない場合＞

　労使協定による定年後再雇用対象者の限定がない場合には，定年後の継続雇用が有期雇用契約で行われていた場合の更新拒否（雇止め）の可否は，原則どおり労働契約法19条の規定を受け，客観的に合理的な理由があり社会通念上相当である場合でないと，更新拒否は許されないということになる。これは，定年後継続雇用における有期雇用契約は，原則として65歳まで更新されるのが通常であり（高年法9条は，65歳までの継続雇用措置を規定しているため），労働者としては，65歳まで有期雇用契約が更新されることに合理的期待があると解されるのが通常であろうと思われるからである。

　なお，定年後再雇用の労働者となれば，定年前に比較して，個人差はあるが，労働能力の低下（主に体力面，健康面）がみられることが多いことは事実として否定できない。その結果，有期雇用契約の期間満了時におい

て就業ができない状態となっていた場合は，当該期間満了時に雇止めをなし得ることとなる（この場合，65歳までの契約更新の期待があるからといって，65歳まで，有期雇用契約期間をまたいでの私傷病休職などの措置による雇用確保の措置は必要ないと思われる）。

キ　使用者の業績不振時における継続雇用者への対応（その1）～雇用調整において，定年後再雇用者を他の労働者より優先することの可否

i　業績不振時における人員調整一般

遺憾ながら，使用者も企業として時として経営が順調でない時がある。そのような業績不振時においては，経営措置として人員削減が検討されることがあるが，そのような場合に，定年後の継続雇用を行わないこと，あるいは定年後の継続雇用者の雇用を終了させること（多くの場合は有期雇用契約の雇止め）の可否が問題となることがある。

まず，業績不振という経営上の理由として人員削減を行う場合，企業としての存続を前提とする以上，整理解雇の法理の適用を受けることが裁判例の集積による原則であり，同法理は，定年後継続雇用者についても適用を排除するとは解されていない（そのように解する裁判例，文献はみられない）。

なお，整理解雇の法理が適用される場合，

⑦　人員削減の必要性
④　解雇（雇止め）回避努力の履行
⑦　人選の合理性
④　手続の相当性

の4要素によって整理解雇の可否が判断されるのが一般的である（菅野和

夫『労働法［第12版］』（弘文堂，2019年）794頁以下等）。ここでまず問題
となる人員削減の必要性（上記㋐）は，比較的，使用者の経営判断が尊重
される傾向があるものの，人員削減の必要性の程度・内容がやや希薄な場
合（たとえば，黒字経営の中での経営合理化や競争力強化のためといった
場合），解雇や雇止めの回避措置をどれだけ尽くしたか（上記㋑）が厳格
に問われてくることがある（以上，菅野和夫『労働法［第12版］』（弘文堂，
2019年）796頁）。もっとも，これは，本書で主眼とする高齢者である定年
後継続雇用者固有の問題ではなく，労働者一般の人員削減に関わる問題で
ある。

　実務において見られる，定年後の継続雇用者の雇用終了の場合に固有の
問題としては，定年後の継続雇用者を他の労働者（正社員に代表される定
年前の無期契約労働者，パートや契約社員といった60歳未満の有期契約労
働者）よりも優先して雇用終了することができるのか，という問題がある。
これは，上記の整理解雇の4要素でいえば，被解雇（雇止め）者の人選の
合理性の問題（上記㋒）である。この点につき，以下に詳述する。

　ⅱ　人員調整において，定年後再雇用者を優先することの可否
　a　有期契約労働者である定年後再雇用者を契約期間中に解雇する場合
　現在のところ，定年後再雇用者は多くの場合，有期契約労働者であるが，
その労働契約期間中の解雇の場合には「やむを得ない事由」が必要であり
（労働契約法17条），これは，無期契約労働者の解雇の場合に必要とされる
「客観的に合理的」で「社会通念上相当である」（労働契約法16条）と認め
られる事由よりも厳格であるとされている（菅野和夫『労働法［第12版］』
（弘文堂，2019年）343頁）。したがって，有期契約労働者の契約期間中の
解雇については，定年後再雇用者が，無期契約労働者である正社員など他
の労働者よりも優先して雇用終了となることは多くはないと考えられる。

　b　有期契約労働者である定年後再雇用者を契約期間満了時に雇止めする場合

　実務上，問題となることが多いのは，有期契約労働者である定年後再雇用者を労働契約期間満了に伴い雇止めする場合に，他の労働者よりも優先的に雇用終了とする場合である。整理解雇の場合，無期契約労働者（多くの場合，正社員）よりも有期契約労働者の雇止めを優先すること自体はやむを得ないとされており（日立メディコ事件［最判昭和61.12.4労判486号6頁］，三洋電機（パート雇止め第　・）事件［大阪地判平成3.10.22労判595号9頁］等），業績不振時において，無期契約労働者よりも有期契約労働者である定年後再雇用者を優先して雇用調整（雇止め）を行うことは許容されると思われる。

　すなわち，前述aおよび上述したところをごく簡単にまとめれば，その雇用保障の度合い（雇用終了の難しさ）は，原則として以下のとおりとなると思われる。

有期契約労働者に対する契約期間中の解雇（労働契約法17条）＞

無期契約労働者に対する解雇（労働契約法16条）＞

有期契約労働者に対する契約期間満了における更新拒否（労働契約法19条）

　さらに複雑な問題は，同じく有期契約労働者である定年後再雇用者と，定年退職を経ていない（入社当初からの）有期契約労働者である契約社員，パート労働者とでいずれかを優先して雇用調整（雇止め）をすることができるか，さらにいえば，いずれかを優先しなければならないのか，というものである。

　この点，高年法が65歳未満の定年退職者への65歳までの継続雇用措置をとることとした趣旨につき，定年後再雇用者について65歳までの雇用の確保を求めたものであることを強調する立場に立てば，労働条件や契約身分

は別として，雇用保障の点は60歳までの無期契約労働者（多くは正社員）と同様の保護を受けるべきとの理解となり，定年退職を経ていない（入社当初からの）有期契約労働者である契約社員，パート労働者よりも優先して雇用調整を行うことは許されない，という結論となろう（現に，筆者の知人の弁護士には，ある労働審判の期日において，このような見解を述べる裁判官とお会いしたことのある方がいる）。しかし，高年法の法条文が，65歳までの定年延長の場合とはあえて別個に，65歳未満の定年退職の場合の65歳までの継続雇用措置といった形式を用意していることからすれば，法は，65歳まで無期契約労働者（正社員）としての雇用を行うか，それ以前に有期契約労働者としての雇用を行うかの選択を使用者に委ねていると解することが可能であり，そうであれば，特に，65歳までの継続雇用における有期契約労働者の雇用上の地位を，通常の有期契約労働者のそれと切り分けて解する必要はないとも思われる。すなわち，雇用調整の局面において，定年後再雇用者の有期契約労働者と，定年退職を経ていない（入社当初からの）有期契約労働者である契約社員，パート労働者との間で，特段の優劣関係にあると解する必要はないと思われる。したがって，雇用調整において，たとえば年齢が上の者を優先して雇止めするという人選基準を設け，その結果として定年後再雇用者が優先的に雇止めになるような措置も，その人選基準が当該雇用調整局面において合理的と認められる事情があれば可能ということになると考える。もっとも，これは，常に，有期契約労働者である定年後再雇用者を，定年退職を経ていない（入社当初からの）有期契約労働者である契約社員，パート労働者より優先して雇止めすることが可能であるということを意味するものではない。そもそも，定年後再雇用者は，有期契約労働者となった場合であっても，原則的には65歳までの雇用が保障されている者であり，65歳までの継続雇用についてかなり強めの合理的期待を有するのであり（労働契約法19条），それこそ，通算契約期間が1年未満の契約社員やパート労働者を雇用維持しつつ定年

後再雇用者を優先して雇止めを行うことは無制約には認められないと思われる。すなわち，雇用調整が必要となった局面において，当該使用者を取り巻く実情に合わせて，人選の基準をいかに合理的に設定するかが問題になってくると考えられる。

ク　使用者の業績不振時における継続雇用者への対応（その２）～継続雇用者の雇用調整の手順上の留意点

　使用者が，経営危機における人員削減として定年後再雇用者の契約期間中の解雇を行う場合，使用者の経営上の必要による解雇であるので，整理解雇の法理の適用を受けることになるのはいうまでもない。一方，仮に，契約期間満了時の雇止めにより人員調整を行う場合でも，本来，定年後再雇用者は，法形式上は有期契約労働者であるとしても，原則としては65歳までの雇用を保障される者であり，当人としては65歳までの継続雇用の合理的期待を有している場合が多いであろうから，その雇止めには，無期契約労働者の解雇の場合と同様に，合理的な客観的理由と社会的相当性を必要とする場合が多いと思われる（労働契約法19条２号）。したがって，上述の期間中の解雇の場合と同様に，整理解雇法理の適用を受けることが原則となろう。

　その場合，他の労働者との雇用調整上の優先の可否の問題については前述キに譲るが（前述キであげた整理解雇の４要素でいえば，⑰「人選の合理性」の要素についての問題である），その他にも，特に，同４要素の⑦「解雇回避努力の履行」に関して，実務上の留意が必要な点がある。

　この点について，三洋電機（パート雇止め第一）事件（大阪地判平成3.10.22労判595号９頁）は，有期契約労働社員（定勤社員［パートタイマー］）に契約継続に関する当事者の期待が認められる場合には，その雇止めには解雇に関する法理が類推され，人員削減をなすべき経営上の必要性が認められるほかに，定勤社員の中で希望退職者を募集し，各定勤社員

の個別的事情を考慮するなどして，雇止めを回避すべき相当の努力を尽くすべきであると説示している。したがって，有期契約労働者である定年後再雇用者の雇止めにおいても，上記説示の希望退職募集のような解雇（雇止め）回避の努力，また，事情によっては，雇止めに至るまでの説明・協議を丁寧に行うこと（前述キの4要素でいうところの㋑「手続の相当性」）が必要となる場合も存するといえる。

ケ　定年後再雇用者と無期転換権（労働契約法18条）

　同一の使用者と2つ以上の有期労働契約を締結した有期契約労働者は，その通算契約期間が5年を超える場合，当該使用者に対して現在進行中の有期労働契約満了日までに無期労働契約の締結の申込みをすれば，当該使用者はその申込みを承諾したものとみなされる（労働契約法18条）。すなわち，当該有期契約労働者は，現在進行中の有期労働契約満了時より無期契約労働者へ転換することとなる。これが，いわゆる，労働契約法18条の無期転換権といわれるものである。

　この無期転換権は，定年後再雇用により有期雇用となった者にも，労働契約法18条の要件を満たせば発生するとされている（定年後再雇用者を労働契約法18条の適用除外とする法条項は存しない）。

　ただし，2014（平成26）年11月に，専門的知識等を有する有期雇用労働者等に関する特別措置法（以下「有期雇用特別措置法」という）が公布されており，定年後に，同一の事業主または高年法における「特殊関係事業主」に引き続き雇用される有期契約労働者（有期雇用特別措置法2条3項2号）については，特例として，対象労働者に応じた適切な雇用管理の措置に関する計画について，厚生労働大臣から認定を受けることにより（同法6条1項），定年後に引き続き雇用されている期間は無期転換権が生じないとされている（同法8条2項）。

　なお，定年後再雇用者への無期転換権が生じないことの要件である上述

の「対象労働者に応じた適切な雇用管理の措置に関する計画」の認定については，その流れ，申請書式が厚生労働省のホームページ（https://www.mhlw.go.jp/stf/seisakunitsuite/bunya/koyou_roudou/roudoukijun/keiyaku/kaisei/index.html）に詳細に紹介されている。

第3 入社当初よりの有期契約労働者における高齢者雇用

1 法制の概要

　有期契約労働者（有期労働契約を締結して就業している者）は，一定の期間を定めて就業する者であり，契約当事者間の合意により決定される期間により雇用の有無は決せられ，無期労働契約の場合のように年齢を理由とする定年による雇用終了の問題はないのが法形式上の原則ではある。しかし，実社会では，有期労働契約が数回にわたり更新されることも多々みられ，そうした社会的実態に合わせて，修正が図られることがある。

　また，2012（平成24）年の労働契約法の改正によって，契約通算期間が５年を超えて反復更新された有期契約労働者に対して無期転換権を付与するとされたことにより（労働契約法18条），有期契約労働者より無期契約労働者に転換する例が多く生じてきており，こうした無期転換者についての雇用の取扱い（主に定年の解釈）も問題となることがある。

2 実務上生ずる問題点

⑴　有期契約労働者についての65歳未満の更新年齢制限
①　序

　実務においては，有期契約労働者の有期労働契約の更新を繰り返しつつ，人材の入替えの必要性等に鑑み，65歳未満の年齢制限を設定して，「○歳を超えては更新しない」といった契約条項を有期労働契約中に規定していることがある（あるいは，有期契約労働者用の就業規則に規定しているという例もみられる）。

　この点について，直接に規定する法令は今のところ存しないが，厚生労働省がそのホームページで掲載している，「高年法Q&A」には関連する記

48

載がある。

　しかし，その記載は下述のとおり決して単純なものではなく，解釈に若干の考慮を要するものと思われる。

②　高年法Q&Aの記載と有期労働契約の更新制限

　高年法Q&AのQ１−11には，大要，以下の記載が存する。

> Q　有期契約労働者に関して，…一定の年齢（60歳）に達した日以後は契約の更新をしない旨の定めをしている事業主は，…，高年齢者雇用安定法第９条違反となるのですか。
> A　高年齢者雇用安定法第９条は，主として期間の定めのない労働者に対する継続雇用制度の導入等を求めているため，有期労働契約のように，本来，…一定の期間の経過により契約終了となるものは，別の問題である…。ただし，有期契約労働者に関して，就業規則等に一定の年齢に達した日以後は契約の更新をしない旨の定めをしている場合は，…反復継続して契約を更新することが前提となっていることが多いと考えられ，反復継続して契約の更新がなされているときには，期間の定めのない雇用とみなされることがあります。これにより，定年の定めをしているものと解されることがあり，その場合には，65歳を下回る年齢に達した日以後は契約しない旨の定めは，高年齢者雇用安定法第９条違反であると解されます。したがって，有期契約労働者に対する雇い止めの年齢についても，高年齢者雇用安定法第９条の趣旨を踏まえ，段階的に引き上げていくことなど，高年齢者雇用確保措置を講じていくことが望ましい…。

　すなわち，有期契約労働者に関する年齢制限は，本来は高年法の問題にはならないものの，実際問題としては，期間の定めのない雇用とみなされるような場合には高年法９条違反となる，ということであり，問題は，どのような場合が「期間の定めのない雇用とみなされるような場合」に該当

するか，ということである。通常，有期契約労働者について「期間の定め
のない雇用とみなされるような場合」とは，反復更新の有無・程度，契約
の更新管理（契約書の事前作成，契約内容の確認，署名または記名押印）
が厳密に行われているかという視点から判断されると解されており（労働
契約法19条１項，菅野和夫『労働法［第12版］』（弘文堂，2019年）338頁），
最終的には，このような視点をもとに，有期契約労働者の年齢制限の適否
を検証していくこととなる。

　なお，上述のとおり，高年法Q&Aは，「高年齢者雇用安定法第９条の趣
旨を踏まえ，段階的に引き上げていくことなど，高年齢者雇用確保措置を
講じていくことが望ましい」ともしており，現に行政では，すでに多くの
企業に対し有期契約労働者の更新年齢制限を65歳に引き上げるように指導
を行ってきているのが実情である。

(2)　満65歳での有期労働契約の更新年齢制限

　65歳未満の有期労働契約の更新年齢制限については，前述(1)のとおりで
あるが，65歳（もしくはそれ以上）での更新年齢制限については，現在の
ところ，原則として問題とされていない。代表的裁判例である日本郵便
（期間雇用社員ら・雇止め）事件（最判平成30.9.14労判1194号５頁）は，
郵便関連業務に従事する期間雇用社員について，更新の上限年齢を65歳と
設定した旨を定める就業規則上の条項（「本件上限条項」）について，「本
件上限条項は，…高齢の期間雇用社員について契約更新を重ねた場合に事
故等が懸念されること等を考慮して定められたものであるところ，高齢の
期間雇用社員について，屋外業務等に対する適性が加齢により逓減し得る
ことを前提に，その雇用管理の方法を定めることが不合理であるというこ
とはできず，被上告人（筆者註：使用者）の事業規模等に照らしても，加
齢による影響の有無や程度を労働者ごとに検討して有期労働契約の更新の
可否を個別に判断するのではなく，一定の年齢に達した場合には契約を更

新しない旨をあらかじめ就業規則に定めておくことには相応の合理性がある。そして，高年齢者等の雇用の安定等に関する法律は，定年を定める場合には60歳を下回ることができないとした上で，65歳までの雇用を確保する措置を講ずべきことを事業主に義務付けているが（8条，9条1項），本件上限条項の内容は，同法に抵触するものではない。」として，労働契約法7条にいう合理的な労働条件を定めるものであるとしている。もっとも，仮に上記の就業規則上の条項があるとしても，実際の運用等が就業規則どおりに厳格にはなされていない場合（実務ではこのような例も稀ではない），当該有期契約労働者に契約更新に対する合理的期待があるとして，労働契約法19条により雇止めに客観的な合理的理由と社会的相当性が求められることがある。上記判決は，65歳を上限とする就業規則上の条項について「あらかじめ労働者に周知させる措置がとられていたほか，本件上限条項の適用を最初に受けることになる…上告人ら（筆者註：当該有期契約労働者ら）については，本件上限条項により満65歳以降における契約の更新がされない旨を説明する書面が交付されており，上告人X7及び同X9（筆者註：その他の有期契約労働者ら）についても，その勤務していた各支店において，既に周囲の期間雇用社員が本件上限条項による雇止めを受けていた」ことを理由に，当該有期契約労働者らについて，65歳を超えて有期労働契約期間満了後の雇用関係が継続されるものと期待することに合理的な理由があったということはできない，としている。

　さらに，実務においては，使用者が本件上限条項のような規定を定めようとする場合，すでに，上限条項に抵触するような高齢者雇用を少なからず行ってしまっており，そうしたすでに実行されている高齢者に対する対応が問題となることもあるが，この点についても上記判決は，「従前は満65歳を超えて郵便関連業務に従事していた非常勤職員が相当程度存在していたことがうかがわれるものの，これらの事情をもって，旧公社（筆者註：使用者が事業を承継する前に使用者の事業を行っていた会社）の非常

勤職員が，旧公社に対し，満65歳を超えて任用される権利又は法的利益を
有していたということはできない。また，被上告人が郵政民営化法に基づ
き旧公社の業務等を承継すること等に鑑み，被上告人が，期間雇用社員の
労働条件を定めるに当たり，旧公社当時における労働条件に配慮すべきで
あったとしても，被上告人は，本件上限条項の適用開始を3年6か月猶予
することにより，旧公社当時から引き続き郵便関連業務に従事する期間雇
用社員に対して相応の配慮をしたものとみることができる。」と説示して
おり，一定の猶予措置（本件事案でいえば3年6カ月）をとっていること
等を勘案して，本件上限条項の効力を肯定している。

　なお，この判決で留意すべきことは，有期労働契約の更新についての年
齢制限を満65歳とした上限条項の内容は合理的と評されたものの，その対
象となる業務（屋外業務）の適性と加齢による影響を考慮してのものであ
るということと，いうまでもなく，合理的であるとする解釈は社会通念に
より変更があり得るということである。殊に，2020（令和2）年3月の高
年法の改正により，70歳までの雇用の努力義務が規定されたことおよびこ
れに対する社会一般の対応によっては，「合理的」の判断基準には変更が
あり得るところである。また，仮に，年齢制限自体が合理的であったとし
ても，当該各事案について，雇止めが問題となった当該有期契約労働者に
つき，合理的期待が存していたか否かは別個に検討されることもあり得る，
ということである。

⑶　高齢者の有期契約労働者による無期転換権の行使（労働契約法18条）と無期契約労働者の定年との関係

　高齢者の有期契約労働者に関して見落としてはならない問題として，標
記の問題がある。

　有期契約労働者の中には，無期契約労働者の定年（現在一般には60歳）
を超えて有期契約労働者として就業し，無期契約労働者の定年年齢を超え

た時点になってから，反復更新により契約の通算期間が5年を超えること
となる者が少なくない。その場合，60歳を超えて無期転換権（労働契約法
18条）を取得し，同権利を行使することで，行使時の有期労働契約期間を
過ぎた後に無期契約労働者に転換することとなる。この場合，すでに定年
年齢を超えているので，60歳を超えて無期契約労働者として雇用された者
と同様に，無期雇用の上限年齢（定年）を持たないこととなりかねない。
なお，無期契約労働者の定年を60歳と就業規則で規定していれば，60歳を
超えて無期契約労働者に転換されることはないのではないか，との疑問も
あり得ようが，ここで60歳を上限としている定めは使用者の就業規則であ
り，無期転換権の発生およびその行使による法効果（有期契約労働者の無
期契約労働者への転換）は法令（労働契約法18条）によるものなので，後
者が優先されるのが法理論となろう。

　上述のような事態に備えるべく，多くの使用者では，有期契約労働者が
60歳を超えた時点で無期契約労働者に転換した場合について，定年の特例
を設けている。たとえば，実務でみられるのが，

---

⑦　60歳を超えて62歳までに無期転換権の行使により無期社員となった
　者については定年を63歳到達時とする。

①　62歳を超えて64歳までに無期転換権の行使により無期社員となった
　者については定年を65歳到達時とする。

といった内容の規定である。

　なお，近時の高齢者雇用の拡大により，実務においては，65歳，場合に
よっては70歳を超えて無期転換権を取得する有期契約労働者も散見される
ようになってきた。少子高齢化による高齢者雇用の拡大の傾向はこれから
も続くであろうから，企業としては，上述のような事例に対し適切に備え
ておくことが必要である（たとえば，65歳を超えて70歳までに無期雇用に

転換した者は定年を71歳とする，といったような規定も必要となろう）。また，あわせて，高齢者の定年なき無期雇用という事態を防止するのであれば，有期契約労働者の契約更新の年齢上限の条項を契約上または就業規則上に設定することも必要であろう。

(4)　有期契約労働者が無期転換権（労働契約法18条）の行使により無期契約労働者となり，その後定年となった場合

　標記の場合は，通常の無期契約労働者と同様に，就業規則等による定年の規定の適用を受ける。また，この定年の規定については，当初より無期契約労働者として入社した者についての定年と同様に高年法の適用を受けることとなり，60歳未満の定年の定めは法的に無効であるし，使用者が60歳定年制をとっている場合には，定年退職後65歳までは継続雇用の対象となる。

　そうなれば，実務上，たとえば無期契約労働者につき60歳定年制度が設けられている使用者の場合，有期契約労働者としては，59歳の時点で有期労働契約の通算期間が5年を経過したときに，59歳（すなわち60歳前）で無期転換権を行使するよりも，60歳を超えた段階まで有期雇用を続けた上で，無期転換権を行使したほうが有利という現象が生じかねないが（この場合，60歳定年制の適用を免れ得る），これは法制度（労働契約法18条）の適用の結果であり，やむを得ないところである。

(5)　無期転換権の行使と定年到達時の日付の問題

　実務では，たとえば，「有期契約労働者について，60歳を超えては契約更新を行わない」とする一方で，無期契約労働者の定年を60歳に一本化している（60歳以上で無期契約労働者となった者についての定年年齢を規定していない）といった例が散見される。しかし，これは実務的に考察した場合，有期契約労働者によっては65歳を超える日付を終期とする有期労働

契約を締結するわけであり，当該有期労働契約によって通算の契約期間が
5年を超える場合，当該有期労働契約期間中に無期転換権を行使すること
によって，その終期（60歳を超える日付）の翌日より無期労働契約が生ず
るという結果となる。そうなれば，そこで生じた無期労働契約は無期契約
労働者の定年退職日（60歳）を超えてから発生する無期労働契約であるの
で，定年の適用はないことになりかねないので留意が必要である。それを
考慮して，多くの使用者の実情，諸規程の内容を踏まえて規定化，運用が
行われているのが現状である。

第3章

高齢者雇用における 人件費（労働条件）の問題

第1 序

　本書第2章第2　1等でも述べているように，高年法の趣旨は，65歳までの雇用確保（2021（令和3）年現在）にあるのであって，その労働条件を65歳まで低下させることなく保障することを目途としているものではない。

　この点を端的に表明したものとして，高年法の2012（平成24）年改正の趣旨について説明した平成24年11月9日職発1109第2号は，「現在の年金制度に基づき平成25年度から特別支給の老齢厚生年金の報酬比例部分（以下「厚生年金報酬比例部分」という。）の支給開始年齢が段階的に引き上げられることから，現状のままでは，無年金・無収入となる者が生じる可能性がある。このような状況を踏まえ，継続雇用制度の対象となる高年齢者につき事業主が労使協定により定める基準により限定できる仕組みを廃止するなどの改正を行ったものである。」としている。

　まず，定年退職後の継続雇用者についてであるが，上述の趣旨は厚生労働省のホームページ掲載の高年法Q&Aにおいても，

　Q1-9：本人と事業主の間で賃金と労働時間の条件が合意できず，継続雇用を拒否した場合も違反になるのですか。

　A1-9：高年齢者雇用安定法が求めているのは，継続雇用制度の導入であって，事業主に定年退職者の希望に合致した労働条件での雇用を義務付けるものではなく，事業主の合理的な裁量の範囲の条件を提示していれば，労働者と事業主との間で労働条件等についての合意が得られず，結果的に労働者が継続雇用されることを拒否したとしても，高年齢者雇用安定法違反となるものではありません。

と明記されているところである。

　ただし，同じく定年退職後の継続雇用について定めている「高年齢者雇用確保措置の実施及び運用に関する指針」（平成24年11月9日厚生労働省告示560号）は，「第2」の「4」において，

---

(1)　年齢的要素を重視する賃金・人事処遇制度から，能力，職務等の要素を重視する制度に向けた見直しに努めること。この場合においては，当該制度が，その雇用する高年齢者の雇用及び生活の安定にも配慮した，計画的かつ段階的なものとなるよう努めること。

(2)　継続雇用制度を導入する場合における継続雇用後の賃金については，継続雇用されている高年齢者の就業の実態，生活の安定等を考慮し，適切なものとなるよう努めること。

(3)　短時間勤務制度，隔日勤務制度など，高年齢者の希望に応じた勤務が可能となる制度の導入に努めること。

(以下，略)

とも規定しているのであって，使用者としては，継続雇用者に対して，全く合理性や配慮を欠く労働条件を提示してよいということにはならない。昨今，継続雇用者に対する労働条件が法的に有効であるか否かについての紛争が増えているところである（後述**第5　2**）。

　なお，これまで述べてきたのは，主に定年退職後の継続雇用者についてであるが，65歳定年制の企業においては，現段階においては65歳を超えての継続雇用制を設けることに法的義務はない。しかし，たとえば60歳から65歳に定年を延長する際に，59歳までの賃金を60歳到達時に減額変更するということが実務上よくみられる。これは，労働条件（就業規則）の不利益変更の問題となり，ここでは結論のみを述べるが，労働契約法10条による合理性が認められれば，上記変更も有効である（後述**第4　4**）。

58

第2 定年後再雇用における60歳以上の労働条件の実情

1 定年前後での仕事内容の変化

　現在までのところ，実務において，60歳定年到達時までと60歳到達後の仕事の内容については，ある程度の連続性がみられることが多い（完熟してきた内容の仕事に60歳到達後も従事することに，労使ともに利益がある以上，当然のことではあるが）。その実情を，公の裁判例で現れたデータであげれば，【図表３－１】のとおりである。

【図表３－１】継続雇用者の仕事内容（最多ケース）

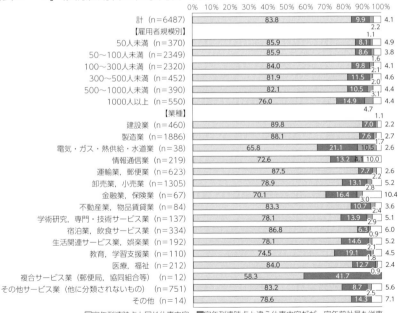

出典：長澤運輸控訴審判決（東京高判平成28.11.2労判1144号16頁）が事実認定の証拠とした2014（平成26）年５月「高年齢社員や有期契約社員の法改正後の活用状況に関する調査」（JILPT）

　これからすれば，60歳到達時において，それまで行ってきた仕事と大きく異なる仕事を命じる場合には，使用者側にも労働者側にも，ある程度の理由があることがほとんどであると思われる。

2　定年前後での賃金の変化

　60歳定年到達時までとそれ以後では，前述1の仕事内容のみならず，賃金状況も異なるのが一般である。そのデータの一例が【図表3－2】である。一見してまず目を引くのは，1,000人以上の企業における年間給与の減額幅の大きさであるが（年間給与が定年到達時の50％以下となる者が37.1％），これは，60歳定年前の給与水準が比較的高いことも影響していると思われる。企業規模が大きければ大きいほど，年間給与の減額幅が大きくなる傾向が強いのも同様の理由と推察されるが，規模が大きい企業組織は，人材の新陳代謝（およびそれに伴う若年・中堅層の賃金水準の確保）を組織的，継続的に行う必要が強いということも一因であろう。

　水準的には，雇用者規模が50人未満の企業を除けば，年間給与が定年前の70％以下に設定される企業が過半数を占めており（1,000人以上の企業だと約75％），おおむね，60歳定年前の6～7割程度が，定年後の賃金水準の標準というのが2021（令和3）年における現状と思われる。

　ちなみに，現在（2021（令和3）年）は，雇用保険による高年齢雇用継続給付制度があるが，これは定年時の6割までの賃金低下を想定して設計されていると解されること等より（同制度の給付金は，原則として60歳時点の賃金と比較して，60歳以後の賃金（みなし賃金を含む）が60歳時点の75％未満となった者で被保険者であった期間が5年以上の者に受給資格が生じ，その支給率は，賃金の低下率に応じて段階的に上昇する仕組みとなっている。最大で低下率61％のときに賃金月額15％相当額が支給される），上述の定年前の6～7割という水準は，上記の高年齢雇用継続給付制度も1つの基準としていると思われる。もっとも，その高年齢雇用継続

【図表３−２】継続雇用者の年間給与の水準（定年到達時の年間給与を100とした場合）

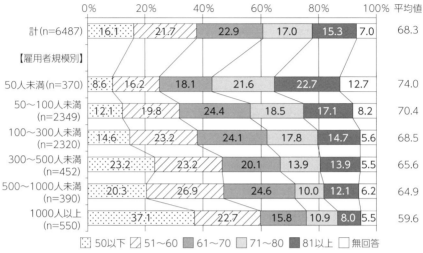

出典：長澤運輸控訴審判決が事実認定の証拠とした「高年齢社員や有期契約社員の法改正後の活用状況に関する調査」（JILPT）

　給付制度は，少子高齢化の進行や高齢者割合の増加という社会的実情にあわせて「希望者全員が65歳以上まで働ける企業」の割合が増加していることや，同一労働同一賃金の観点もあり，現在の給付水準を2025（令和７）年度に60歳になる人から半減させ，2030（令和12）年度以降に60歳になる人から廃止される予定となっており，廃止後の賃金水準およびその合理性についての解釈にどのように影響するかが注目される。

第3　55歳までの役職定年制

　現状では60歳をもって定年とする使用者が多数であることは再々本書で
も紹介しているとおりであるが，相当数の使用者では，60歳定年を迎える
前に，一定の年齢（多くは50代後半）より役職から外れる（それに伴って
賃金も低下する）という，いわゆる役職定年制が採用されている。こうし
た役職定年制度も，あらかじめ労働契約の内容となっていれば（多くの場
合，就業規則等での規定と当該規則等の従業員への周知），制度としては
有効となる。しかし，そうした制度が就業規則等に規定されていない使用
者において，上述のような制度を創設して賃金の切下げを行う場合には，
就業規則の不利益変更の問題となり，当該制度創設につき従業員個々人の
同意を得るか（労働契約法8条），当該制度創設が合理的なものである必
要がある（同法10条）。不利益変更の際に生じる諸問題については，複数
の難しい問題が含まれる上に，役職定年制の制度創設の際だけに問題とな
るものではなく，たとえば，前述第2　2のように，定年を60歳から65歳
に延長する際に，60歳以上の者については，60歳までの賃金水準・体系よ
りも低いものとする場合もこの問題が生ずる。

　そこで，独立の問題として，後述第4で論ずることとする。

第4 ┃ 就業規則の不利益変更の問題

1 ┃ 不利益変更の生ずる事例と不利益変更の意味

　使用者においては，企業としての長期的な維持・発展のために，労働者の労働条件を不利益に変更することが必要な場合がある。その典型的なものは，業績不振による人件費削減のための賃金引下げであるが，企業の活性化のために賃金体系を年功序列的色彩の強いものから役割給的色彩の強いものに変更する場合（この場合，労働者全体の人件費総額に変化がなくとも，勤続年数の長い労働者個々人の多くの者にとっては賃金引下げになり得る）や，あるいは賃金以外の例では，労働時間の延長や，週や月の全体の労働時間は変わりなくとも，特定の曜日の労働時間を短縮して他の曜日の労働時間を延長する場合がある（この場合，延長された曜日に関しては，労働時間延長という不利益変更になる）。

　なお，上述の例で，労働者全体の人件費総原資は変更しないまま賃金体系を年功序列的色彩の強いものから役割給的色彩の強いものに変更する場合，一部の者には賃上げになる（利益に変更される）反面，一部の者には賃下げになる（不利益に変更される）ものの，使用者としては全体的には人件費カットを行っておらず，労働者側も全体としては不利益ではないようにみえる。しかし，就業規則の不利益変更における「不利益」とは，「ある労働者」についての労働条件の「ある部分」が不利益であれば該当するとされている。したがって，上述の人件費総原資を変更せずにその従業員間での配分を変更する場合もそうであるが，さらには，「ある労働者」の週・月の合計労働時間は変更しない（極端にいえば，むしろ減少する）が，特定の曜日に限って見ると労働時間が延長するような場合には，やはり上述の「不利益」に該当する。

　ただし，留意すべきことは，「ある労働者」の労働条件の「ある部分」に限って不利益に変更されるような場合，労働者総体にとっては不利益ではないという事情，さらには当該個人においても全体でみれば不利益もあれば利益もある，といった事情は，就業規則の不利益変更の有効性の要件である合理性（労働契約法10条）の判断において考慮されることとなる（大曲市事件［最判昭和63.2.16労判512号7頁］）点である。

② 就業規則の不利益変更の方法（その1）〜労働者の個別同意

　労働条件を不利益に変更する場合，実務において原則的な方法となっているのが，労働契約の当事者間の合意，すなわち，使用者と個々の労働者とで個別合意をとる方法である（労働契約法8条）。ただし，就業規則等よりも労働者に不利益な合意がなされた場合には，当該合意は法的に無効とされているので（労働契約法12条），個々の労働者との個別合意をとるだけでなく，実務では就業規則等も変更しておくことが必要な場合が多く，実情として，就業規則等の変更につき個々の労働者の合意をとるのが通常の方式となっている。

　この方法において，実務上，散見される問題点として，労働者が異議を申し出ないことをもって黙示の合意と認定し得るか，労働者の形式上の合意が真意に基づくものといえるか，といった諸問題が存し，これについて次の3で俯瞰する。

③ 個別同意による就業規則等の変更の方法に関する，実務上の問題例

(1) 労働者が不利益変更に異議を申し出ない場合と黙示の合意の成立

　実務では，使用者が労働条件の不利益変更を行った際，労働者がこれにすぐには異議を申し述べなかったが，時間をおいて当該不利益変更は違法

無効であると主張する場合が散見される。この場合，労働者が当初に異議を述べなかったことをもって，労働者が当該不利益変更に合意をしていたのではないか（つまりは，当該不利益変更はその時点で有効となったのではないか），という点が問題となる例がある。

　この点についての主な裁判例としては，まず，更生会社三井埠頭事件（東京高判平成12.12.27労判809号82頁）があげられる。これは，経営不振を理由に，管理職全員に20％の賃金減額を通知の上，同減額を実施したところ，約5カ月にわたり異議を述べてこなかったことをもって，賃金減額の黙示の同意があるといえるかが問題となった事例であるが，同判決は，労働者が「減額通知の根拠について十分な説明を受けたことも，更生会社（筆者註：使用者）において本件減額通知に対する各人の諾否の意思表示を明示的に求めようとしたとも認められない」として，黙示の同意の存在（および賃金減額の効力）を否定した。次いで協愛事件（大阪高判平成22.3.18労判1015号83頁）は，退職金制度の廃止の際の説明会や労使協議においては労働者より異議がなかったという事案について，「各従業員が雇用者の示した方針に不満や反対の意思を持っていても，個別にそのような意思を表明することは期待できないのが通常である。したがって，曲がりなりにも存続していた退職金制度を完全に廃止するという従業員に重大な不利益を強いる改定について，単に異議がでなかったということで同意があったものと推認することはできない。従業員においてそのような不利益な変更を受け入れざるを得ない客観的かつ合理的な事情があり，従業員から異議が出ないことが従業員において不利益な変更に真に同意していることを示しているとみることができるような場合でない限り，従業員の同意があったとはいえない…。…当時の第1審被告（筆者註：使用者）の経営状況については，第1審被告は，当時の決算書等の公式の文書すら証拠として提出せず，当時の経営状況が危機的状況であったと認めるべき的確な証拠はない。第1審被告は，退職金制度の廃止に先立ち，平成12年7月25

日以降，役員報酬を10％ないし30％削減するとともに，課長以上の管理職，課長代理，係長の給与を10％削減し，また，平成14年4月25日以降，役員報酬を20％削減し，課長以上の管理職の給与を5％削減したこと，退職金制度の改廃に伴う代償措置として，平成14年から平成17年までの各年に，会社の費用で全従業員によるハワイ旅行を実施したこと，業界（芸能関係，イベント関係）において退職金が支給されている同業他社は皆無であったことなどを主張するが，これらの事情は，従業員が真に退職金の廃止を受け入れたことを示すといえるような客観的かつ合理的な事情とはいえない。したがって，平成13年7月ころに第1審原告（筆者註：当該労働者）が退職金制度の廃止に同意したとは認められないし，これを明文化した平成15年の就業規則について従業員が同意を与えたものとも認められない。」として，労働者の合意による，当該就業規則の不利益変更の効力を否定した。

　一方，光和商事事件（大阪地判平成14.7.19労判833号22頁）は，歩合給制導入の有効性が問題となった事例であるが，「歩合給制の導入には合理的な理由があり，またこれの導入によって賃金額が上がった従業員もおり，歩合給制の導入が直ちに従業員に不利益な賃金体系であるということもできないし，歩合給制が導入され，これに基づく賃金が支給された後も原告ら（筆者註：当該労働者）を含む従業員から苦情や反対意見が述べられたとの事情はうかがわれず，…営業社員の中には成果主義導入を歓迎する者もいた…から，原告らは歩合給制導入を認識し，歩合給制に基づいて計算された賃金を受領することにより歩合給制の導入を黙認していたというべきである。また，平成12年11月の基本給減額についても，賃金を使用者が一方的に減額することは認められるものではないが，原告らはいずれも減額された賃金を受領しており，基本給の減額については黙示に承諾していたものというべきである。」として，減額後の賃金の異議なき受領につき，歩合給制導入を黙認したものと認定した。

　以上の諸裁判例を俯瞰するに，労働条件の不利益変更についての労働者

の個別合意は，原則として個々の労働者からの明瞭な形での合意を求められるといえる。例外的に黙示の承諾が認められることもあるが，そのためには，少なくとも，当該労働条件の不利益変更により当該労働者の受ける不利益が明瞭かつ具体的に説明・告知され，変更までに十分な手続（説明，質問，異議申出の機会）が尽くされているような事情が必要であると思われる（当該不利益変更を労働者が受け入れることが無理もないような客観的合理的な事情があれば，さらに望ましい）。

(2) 外形上は存在する労働者の同意が真意に基づくものであったことの該当性

　実務では，労働条件の不利益変更に対して，外形上は労働者の個別同意が（同意書の存在を含めて）存在するとしても，それが真意に基づく同意として法的に有効なものであるか，が問題となることがある。

　この点，平成以降の最高裁判例をみていくと，まず，日新製鋼事件（最判平成2.11.26労判584号6頁）は，労働者の退職金債権と使用者から労働者への債権の相殺についての労働者の同意の効力が問題となった事案につき，労働者の自由な意思に基づきなされたものであると認められるに足りる合理的な理由が客観的に存するときは，同意は有効とした。一方，労働者の同意が真意に基づくことを否定した例として著名なものとして，山梨県民信用組合事件（最判平成28.2.19労判1136号6頁）がある。これは，信用組合間の合併に際して，一方の信用組合の職員が，就業規則に定められた退職金の支給基準を変更することに書面で同意したものの，後になってその同意を自ら否定して争った事案であるが，同判決は，まずは一般論として，「賃金や退職金に関する労働条件の変更に対する労働者の同意の有無については，…変更により労働者にもたらされる不利益の内容及び程度，労働者により当該行為がされるに至った経緯及びその態様，当該行為に先立つ労働者への情報提供又は説明の内容等に照らして，<u>当該行為が労働者</u>

の自由な意思に基づいてされたものと認めるに足りる合理的な理由が客観的に存在するか否かという観点からも，判断される」と説示し，各論としては，「変更後の新規程の支給基準の内容は，…退職金額の計算に自己都合退職の係数が用いられる場合には支給される退職金額が０円となる可能性が高いものであったということができ，また，…上記の同意書案の記載と異なり，著しく均衡を欠くものであった…。…本件基準変更による不利益の内容等及び本件同意書への署名押印に至った経緯等を踏まえると，…本件基準変更への同意をするか否かについて自ら検討し判断するために必要十分な情報を与えられていたというためには，同人らに対し，旧規程の支給基準を変更する必要性等についての情報提供や説明がされるだけでは足りず，自己都合退職の場合には支給される退職金額が０円となる可能性が高くなること…など，…退職金の支給につき生ずる具体的な不利益の内容や程度についても，情報提供や説明がされる必要があった…。…原審は，…本件基準変更による不利益の内容等及び本件同意書への署名押印に至った経緯等について十分に考慮せず，その結果，その署名押印に先立つ同人らへの情報提供等に関しても，…上記…のような点に関する情報提供や説明がされたか否かについての十分な認定，考慮をしていない。」と説示し，当該事案においては，形式的には労働者の書面による同意があっても，不利益変更に同意があったとはいえないとした。

　なお，実務的に極めて重要な問題であるので，下級審の裁判例についても，注意すべきものについて若干敷衍する。協愛事件（大阪高判平成22.3.18労判1015号83頁）は，二度にわたる退職金制度の改訂（減額）とこれに次ぐ同制度の廃止の過程で，二度目の退職金制度改訂について書面上の同意があったという事案であるが，労働者に対して行われた説明には，不利益変更による不利益を十分に（具体的にかつ明確に）説明したものであったかにつき疑問があるとして，やはり同意の真実性を否定している。同じく，書面での合意（契約書の提出による）の効力を否定したものとし

ては，東武スポーツ（宮の森カントリー倶楽部・労働条件変更）事件（東京高判平成20.3.25労判959号61頁）がある。これは，ゴルフ場従業員について雇用契約の有期化，退職金制度の廃止，ラウンド手当を中心とした給与体系とし，基本給および諸手当の大半を廃止する等の労働条件の変更が行われた事案につき，「控訴人（筆者註：使用者）は，…本件ゴルフ場において，キャディ職等の従業員を集め，全体説明及び個別面接における説明を通じて，キャディ職従業員の雇用について見直しをしていること，雇用期間を１年の有期契約に変更すること，ラウンド手当を中心とした給与体系とし，基本給及び諸手当の大半を廃止することなど，控訴人が意図する新就業規則及び新給与規程の大綱について口頭での説明をしたのであり，この説明は，本件ゴルフ場の収益が独立の事業体として赤字状態であり，独立採算性に移行する予定であるとの説明とあいまって，被控訴人らのキャディ職従業員にとって契約上の地位に大きな変動を生じ，賃金も減額することが予想されることを理解するに足りる内容であった…。そして，控訴人が１年ごとの契約期間として，毎年契約書を個別の従業員と締結する心づもりであったことも容易に推測される。しかし，雇用契約を期間の定めのないものから１年の有期契約に変更することを始め，賃金に関する労働条件の変更，退職金制度の廃止，生理休暇・特別休暇の無給化等その内容も多岐にわたっており，数分の社長説明及び個別面談での口頭説明によって，その全体及び詳細を理解し，記憶に止めることは到底不可能といわなければならない。被控訴人らキャディ職従業員に交付されたキャディ契約書の記載内容についても，上記の労働条件の変更内容については，雇用期間が平成14年４月１日から１年間とすることが明記されているほかは，賃金について会社との契約金額とするとか，その他就労条件は会社の定めによるといった記載であって，その内容を把握できる記載ではない。…手当の金額についてもキャディ契約書提出前には示されていないし，キャディ契約書の提出の意味について，キャディ職従業員から，提出しない場

合どうなるかとの質問もあったが，明確な返答がされたとは認めがたく，また，キャディ契約書の提出が契約締結を意味する旨の説明がされたこともうかがわれない。したがって，労働条件の変更の合意を認定するには，労働者である被控訴人らが締結する契約内容を適切に把握するための前提となる控訴人の変更契約の申込みの内容の特定が不十分である…。」として，合意の成立を否定している。

以上の裁判例からすれば，特に賃金，退職金といった重要な労働条件については，これを特に大幅に不利益に変更するような場合には，単に外形的に書面上の合意をとったというだけでは十分とは限らない場合があるといえよう。すなわち，使用者からの明確，具体的な説明を十分に履践していくことが重要であり，とりわけ，事情によっては総論・一般的な賃金水準（たとえば，退職金制度を変更する場合には退職金算定式等）だけではなく，必要に応じて，各論・具体的なケースにおける不利益内容の説明を行うこと（たとえば，前掲山梨県民信用組合事件の例でいえば，「変更後の新規程の支給基準の内容は，…退職金額の計算に自己都合退職の係数が用いられる場合には支給される退職金額が0円となる可能性が高いもの」であることの説明）が必要になると思われる。

もっとも，このように述べると，労働条件の不利益変更について法的に労働者の個別同意をとることが困難であり，または個別同意をとってもその効力は不安定であり，法的意味は必ずしも大きくないという印象を抱かれるかもしれないが，結論から述べれば，上述のような各論・具体的な不利益内容までも含めて不利益変更について労働者に説明し，その個別合意を得るよう努めることは，実務において大変，重要であるのみならず，使用者にとって有用である。というのは，労働条件の不利益変更には，後述4のように，合理性のある就業規則の不利益変更という方法もあるのであって（実務においては，個別同意の取得という方法と並行してなされることが多いことは前述のとおりである），その「合理性」（労働契約法10

条）の判断要素の中には，「労働組合等との交渉の状況」といった，労働者側との交渉の状況が含まれる。すなわち，個々の労働者の同意を得るために丁寧に説明，協議したという実績は，仮に労働者の個別同意を得るに至らなくとも，就業規則の不利益変更の合理性の判断において相当にプラスにつながり，結論として，当該就業規則の不利益変更を法的に有効とする方向に影響を与えるものである。換言すれば，これを怠れば，マイナスにつながるといえるのである。

4 就業規則の不利益変更の方法（その２）～「合理性」のある就業規則の不利益変更

(1) 序

　労働者の個別同意によらない労働条件の不利益変更を行うには，原則として就業規則変更による方法がある。この方法については，その「合理性」が最大の論点となるが（労働契約法10条），この論点についてはいくつもの重要な最高裁判例が出されており，上記の「合理性」判断には，最高裁の諸判例の理解が必要不可欠である。

　法理的には，最終的には，労働契約法10条記載の諸要素である，

> a　労働者の受ける不利益の程度
> b　労働条件の変更の必要性
> c　変更後の就業規則の内容の相当性
> d　労働組合等との交渉の状況
> e　その他の就業規則の変更に係る事情に該当する諸事実・事情

を取り上げつつ，その軽重を評価することで合理性の有無を決定するということとなるが，その判断の要素過程は必ずしも単純ではない（これは，同じ事案について，地裁，高裁，最高裁と，不利益変更の有効性について

の判断が変更された事例が多々あることからもうかがえる）。

　以下は，紙面の都合上，特に著名な最高裁判例を俯瞰するが，その他の裁判例（下級審レベルも含めて）にも，重要かつ教訓になる裁判例が多く存することを改めて付記しておくものである。

⑵　最高裁判例の俯瞰

①　大曲市農協事件

　まず，最初に挙げる最高裁判例として大曲市農協事件（前掲・最判昭和63.2.16労判512号7頁）がある。これは，農業協同組合の合併に伴い，労働条件を統一するために新たな就業規則を制定した際に，当該労働者との関係について，退職金算定における支給倍率が引き下げられた事案である（例として64→55.55，55→45.945等）。上記判決は，一般論として「賃金，退職金など労働者にとつて重要な権利，労働条件に関し実質的な不利益を及ぼす就業規則の作成又は変更については，…高度の必要性に基づいた合理的な内容のものである場合において，その効力を生ずる」とした上で，退職金の支給倍率が低減されている「反面，被上告人ら（筆者註：労働者ら）の給与額は，本件合併に伴う給与調整等により，合併の際延長された定年退職時までに通常の昇給分を超えて相当程度増額され…実際の退職時の基本月俸額に所定の支給倍率を乗じて算定される退職金額としては，支給倍率の低減による見かけほど低下しておらず…新規程への変更によつて被上告人らが被つた実質的な不利益は，…決して原判決がいうほど大きなものではない」として，さらに，もし合併に際し，合併前の農業協同組合の労働条件の格差が是正されない場合，「合併後の上告組合の人事管理等の面で著しい支障が生ずる」とし，就業規則の変更の必要性を認め，再度，「本件合併に伴つて被上告人らに対してとられた給与調整の退職時までの累積額は，賞与及び退職金に反映した分を含めると，おおむね本訴における被上告人らの前記各請求程度に達している」，「休日・休暇，諸手当，旅

72

費等の面において有利な取扱いを受けるようになり，定年は男子が一年間，女子が三年間延長され…，これらの措置は，…同じく本件合併に伴う格差是正措置の一環として，新規程への変更と共通の基盤を有するものであるから，新規程への変更に合理性があるか否かの判断に当たつて考慮することのできる事情である」として，労働条件の不利益変更の合理性の判断において，問題となった不利益変更が行われた当時における当該労働者の利益・不利益状況を広く斟酌すべきことを明示し，当該不利益変更の合理性を肯定している。

本件判決で留意すべきことは，労働条件の一部（本件判決では，退職金算定における支給倍率）が不利益に変更された場合，他に有利に変更された部分があっても，なお，当該不利益変更された部分につき不利益変更の問題としてその有効性が問われるということであり，ただし，同時に有利に変更された部分は，当該不利益変更の合理性を根拠づける一要素となる，ということである。

② 第四銀行事件

次に著名な最高裁判例の１つとして，第四銀行事件（最判平成9.2.28労判710号12頁）があげられる。これは，高齢者の賃金引下げの類型に属する事案であり，具体的にいえば，当該銀行において55歳から60歳への定年延長に伴い（ただし，それ以前にも，男子行員は多くの場合，事実上58歳まで雇用されていた），55歳以降の賃金を54歳時の賃金より約４割縮減するという不利益変更措置がとられたため，その効力が争われた事案である。

同判決は，まず「本件定年制の実施に伴う就業規則の変更は，既得の権利を消滅，減少させるというものではないものの，…合理的な期待に反して，55歳以降の年間賃金が54歳時のそれの63ないし67パーセントとなり，…58歳まで勤務して得られると期待することができた賃金等の額を60歳定年近くまで勤務しなければ得ることができなくなる」ことから，特に，従

来の定年である55歳を間近に控え，事実上58歳まで雇用されることが期待
されていた（男子）行員にとっては，「58歳から60歳まで退職時期が延び
ること及びそれに伴う利益はほとんど意味を持たないから，相当の不利益
とみざるを得ない。」と労働者の不利益について認める一方で，「定年延長
に伴う人件費の増大，人事の停滞等を抑えることは経営上必要なこと…特
に被上告人（筆者註：使用者）においては，中高年齢層行員の比率が地方
銀行の平均よりも高く，今後更に高齢化が進み，役職不足も拡大する見通
しである反面，経営効率及び収益力が十分とはいえない状況にあった」と
不利益変更の必要性を認め，かつ，「変更後の就業規則に基づく55歳以降
の労働条件の内容は，55歳定年を60歳に延長した多くの地方銀行の例とほ
ぼ同様の態様であって，その賃金水準も，他行の賃金水準や社会一般の賃
金水準と比較して，かなり高い」と当該不利益変更の社会的相当性も肯定
し，「本件就業規則の変更は，行員の約90パーセントで組織されている組
合（…50歳以上の行員についても，その約6割が組合員であったことがう
かがわれる。）との交渉，合意を経て労働協約を締結した上で行われたも
のであるから，変更後の就業規則の内容は労使間の利益調整がされた結果
としての合理的なものであると一応推測することができ」ると，当該不利
益変更に至る経緯の妥当性を評価し，「本件就業規則の変更が，変更の時
点における非組合員（筆者註：訴えた労働者は非組合員であった）である
役職者のみに著しい不利益を及ぼすような労働条件を定めたものであると
は認められず…，非組合員にとっては，労使間の利益調整がされた内容の
ものであるという推測が成り立たず，その内容を不合理とみるべき事情が
あるということはできない。」等と説示し，結論として，不利益変更の効
力を肯定している。

　この判決は，高齢者の賃金を引き下げるという点で次のみちのく銀行事
件と事案として類似性が高いものであり，また，結論においては相違して
いるので，対にして理解しておくと実務上極めて有意な裁判例といえる。

もっとも，あくまで当該事案（当該事件で原告となった労働者との間）に限っての判断であることには注意を要する（これも後述する）。

③　みちのく銀行事件

　みちのく銀行事件（最判平成12.9.7労判787号6頁）は，前述②の第四銀行事件と同様に，<u>55歳以降の賃金を大幅に（約33〜56%）削減するという不利益変更の効力が争われた事案である</u>。ただし，事実関係が若干異なり，<u>第四銀行事件では不利益変更と同時に定年延長が行われたが，みちのく銀行事件では，当該不利益変更の10年前に定年延長は行われ済みであり，行員としては，不利益変更時にはすでにもともと60歳までの雇用が確保されていた</u>。

　こうした事案下において，みちのく銀行事件判決は，「高年層の行員に対する賃金面の不利益をみると，…得べかりし標準賃金額に比べておおむね40数パーセント程度から50数パーセント程度に達する」，「本件就業規則等変更後の上告人ら（筆者註：当該労働者ら）の賃金は，…当時の給与所得者の平均的な賃金水準や定年を延長して延長後の賃金を低く抑えた一部の企業の賃金水準に比べてなお優位にある」ものの「年齢，企業規模，賃金体系等を考慮すると，変更後の右賃金水準が格別高いものであるということはできない。」とし，加えて（次は第四銀行事件の事案と相違するので重要なところであるが）<u>「上告人らは，段階的に賃金が増加するものとされていた賃金体系の下で長く就労を継続して50歳代に至ったところ，60歳の定年5年前で，賃金が頭打ちにされるどころか逆に半額に近い程度に切り下げられることになったものであり，これは，55歳定年の企業が定年を延長の上，延長後の賃金水準を低く抑える場合と同列に論ずることはできない。」</u>とした。また，第四銀行事件とは異なる別の点として，「本件では…中堅層の賃金について格段の改善がされており，被上告人（筆者註：銀行）の人件費全体も逆に上昇し…企業経営上，賃金水準切下げの差し

迫った必要性があるのであれば，各層の行員に応分の負担を追わせるのが通常であるところ，本件は，そのようなものではない。」，「本件就業規則等変更は，多数の行員について労働条件の改善を図る一方で，一部の行員について賃金を削減するものであって，従来は右肩上がりのものであった行員の賃金の経年的推移の曲線を変更しようとするものである。…本件における賃金体系の変更は，短期的にみれば，特定の層の行員にのみ賃金コスト抑制の負担を負わせ…それらの者は中堅層の労働条件の改善などといった利益を受けないまま退職の時期を迎える」とし，当該不利益変更に際して，利益を受ける年齢層と不利益を受ける年齢層とが存在すること（つまりは，企業内における不公平が生じていたこと）を指摘している。その上で，「このような制度の改正を行う場合には，一方的に不利益を受ける労働者について不利益性を緩和するなどの経過措置を設けることによる適切な救済を図るべきで」，「本件では，行員の約73パーセントを組織する労組が…同意している。しかし，上告人らの被る前示の不利益性の程度や内容を勘案すると，賃金面における変更の合理性を判断する際に労組の同意を大きな考慮要素と評価することは相当ではない」等と説示し，結論としては，当該不利益変更の効力を否定するに及んでいる。

<第四銀行事件とみちのく銀行事件の異同の検討>
　簡単に前述②の第四銀行事件との比較を行うと，大要以下のとおりである。

＊効力が争われた不利益変更の内容自体は，第四銀行事件も，みちのく銀行事件も，ともに55歳以上の行員に対する約４割の賃金削減という点でかなり類似していた。
＊しかし，第四銀行事件では60歳への定年延長に伴って55歳以上の賃金を削減する就業規則変更を行っており，みちのく銀行事件のように，もともと行員にとっては55歳以上の賃金は，期待利益ではあっても既得権

にはなっていなかった。

　すなわち，労働条件の一部が不利益変更されつつ，その他に有利に変更された部分があれば，当該不利益変更された部分につき，不利益変更の合理性が問題になるとしても，有利に変更された部分が不利益変更の合理性を裏づける一要素として考慮されるのであるが，その有利に変更された部分が，当該不利益変更と時期的に近接してなされたものでなければ，不利益変更の合理性を裏づける一要素となし得ない。したがって，人事制度の変更を検討する場合，有利に変更する場合も不利益に変更する場合も，でき得るだけ，セットで（時期的に同じく）変更を実施することが使用者にとっては有利ということになろう。

＊第四銀行事件では，当該就業規則変更によって，不利益ではなく利益を得た従業員層がいなかったが，みちのく銀行事件では，55歳以上の行員の賃金が減額される一方で，中堅層行員の賃金水準が改善され，短期的にみれば，就業規則変更前後で，従業員内で利害得失が分かれたようにみえた。

＊多数従業員を組織する労働組合（多数労働組合）の合意を得ている点は共通であったが，第四銀行事件では，提訴した従業員と同年代（50歳代）の行員についても約6割が所属しており，当該従業員が他の同年代の行員の利害も代表していたとみなし得た。

　すなわち，類似した事案といえども，従業員の不利益状況（程度），使用者内の均衡，当該不利益変更を問題とした従業員と同種同様の従業員の意向（その利害の反映）により，結論が変わり得るということである。

＜不利益変更についての判決の射程の留意点＞

　ただ，留意すべきは，第四銀行事件にしても，みちのく銀行事件にしても，問題となった<u>不利益変更の合理性（法的な有効性・無効性）は，不利益変更を問題とした従業員個々人について判断されるものであって，他の従業員については影響を受けない。</u>すなわち，当該不利益変更がある従業員との間で無効と判断されたとしても，他の従業員との間では有効と判断されることも普通にあり得る。これは，就業規則の不利益変更の有効性について規定する労働契約法10条の構造をみれば明らかである。すなわち，労働契約法10条は，就業規則の不利益変更の有効性につき，「就業規則の変更が，労働者の受ける不利益の程度，労働条件の変更の必要性，変更後の就業規則の内容の相当性，労働組合等との交渉の状況その他の就業規則の変更に係る事情に照らして合理的なものであるとき」と規定しており，あくまで「労働者」個人を対象とし，当該「労働者の受ける不利益の程度」（不利益の程度は労働者個々人によって異なることがあるのは当然のことである）を重要な判断要素としているのである。もっとも，いうまでもないが，就業規則の不利益変更につき無効と判断された従業員と似たような立場（仕事内容，年齢，賃金水準および構造，不利益の程度内容）の従業員について，そうでない者よりは，より，同じく当該就業規則の不利益変更が無効と判断される確率は高くなるであろう。

---

④　函館信用金庫事件

　函館信用金庫事件（最判平成12.9.22労判788号17頁）は，完全週休２日制の導入に際し，平日の所定労働時間を１日25分延長する旨の就業規則変更が問題となった。前述①〜③の最高裁判例とは異なり，賃金面ではなく労働時間の面における不利益変更の事例として参考になるので，ここで紹介することとする。

　まず，上記判決は，<u>１日当たり「25分間の労働時間の延長は，…不利益は小さなものとはいえない。しかしながら，…年間を通してみれば，変更</u>

の前後で，所定労働時間には大きな差がない」，「完全週休２日制の実施が
…労働条件の基本的改善点であり，労働から完全に解放される休日の日数
が増加することは，労働者にとって大きな利益である。」，「平日の労働時
間を変更せずに土曜日をすべて休日にすれば，…経営上は，賃金コストを
変更しない限り，土曜日の労働時間の分を他の日の労働時間の延長によっ
て賄うとの措置を採ることは通常考えられる」，「上告人（筆者註：使用
者）は…相対的な経営効率が著しく劣位にあり，人件費の抑制に努めてい
たというのであるから，他の金融機関と競争していくためにも，変更の必
要性が高い」，「従組（筆者註：労働組合）がこれに強く反対しているこ
とや上告人と従組との協議が十分なものであったとはいい難いこと等を勘案
してもなお，本件就業規則変更は，…合理的内容のものであると認めるの
が相当である。」とした。なお，同様に週休２日制を導入しつつ１日の労
働時間を延長した事案につき，変更の合理性を肯定した最高裁判例として，
羽後銀行（北都銀行）事件（最判平成12.9.12労判788号23頁）もある。

　前述②の第四銀行事件では，多数従業員を組織する労働組合の合意を得
ていたことが，就業規則の不利益変更の合理性を認める理由の１つとされ
たが，前述③のみちのく銀行事件では，多数労働組合の同意を得ていたに
もかかわらず不利益変更の合理性が否定された。一方，この函館信用金庫
事件は，労働組合（構成員約100名）との協議が不十分であるにもかかわ
らず，やはり不利益変更の合理性が認められたところである。

　こうして俯瞰すると，不利益変更の合理性の判断においては，何か１つ
が決定的な要素というようなものではなく，労働契約法10条のあげる諸要
素（労働者の受ける不利益の程度，労働条件の変更の必要性，変更後の就
業規則の内容の相当性，労働組合等との交渉の状況その他の就業規則の変
更に係る事情）の各々につき，各事例ごとに（さらにいえば，各従業員ご
とに）総合勘案されるということがうかがわれる。

　なお，上記①大曲市農協事件，上記③みちのく銀行事件，上記④函館信

用金庫事件を例にとっても，いずれも，一審，二審，最高裁と当該就業規則の不利益変更についての有効無効の判断は一貫していない（すなわち，有効，無効の判断が揺れている）。就業規則の不利益変更の法的有効性の問題は，労働実務担当者からしても，結論の予測がつきにくい問題である。

第5 無期雇用者の定年後の継続雇用（60歳定年後再雇用）の際の労働条件

1 序

　本書で再々述べているように，わが国の企業における65歳までの雇用延長措置は，そのほとんどが，60歳定年制を前提とした5年間の雇用継続措置（有期雇用契約による）となっている（いわゆる，定年退職後の再雇用）。この場合，継続雇用時（定年退職後の再雇用）における労働条件は，定年退職時の労働条件を維持しなければならないものではないことも前述第1のとおりである。しかし，本書でもすでにあげた，高年法Q&AのQ1－9においても，あくまで，使用者は継続雇用の対象者（定年退職者）に対して「事業主の合理的な裁量の範囲の条件を提示」することを求めており，これをしないで，継続雇用時において労働条件の合意が成立せず，対象者が継続雇用されなかった場合には，高年法に違反することとなる。

　そこで，上述の継続雇用措置をとっている使用者にとっては，継続雇用の対象者に対してどのような労働条件の提示を行えば，「事業主の合理的な裁量の範囲の条件を提示」したこととなり，高年法に違反しないと解されるのか，がまず問題となる。また，仮に「事業主の合理的な裁量の範囲の条件を提示」することなく，継続雇用時において労働条件の合意が成立せず，対象者が継続雇用されなかった場合，使用者と当該継続雇用の対象者との間にどのような法的効果が生ずるかも問題となる。

　したがって，以上の点について，後述2および3にて，裁判例の俯瞰等をとおして検討していくこととする。

　なお，継続雇用措置（定年後の再雇用）は，有期雇用の形式でなされるので，2020（令和2）年施行のパートタイム・有期雇用労働法により，無期雇用者（多くの場合，定年退職前の正社員）との間での均衡待遇・均等

待遇（同法8条，9条）の見地からも問題となる。その問題については，高年法とは異なった見地より検討がなされるべきであり，仮に法違反となった場合は，その法効果も異なるので，本段落とは別個に後述第6にて検討することとする。

2　定年後の継続雇用時の労働条件の合理性についての裁判例

(1)　序

　定年後の継続雇用時（再雇用時）の労働条件について，実務において主に問題となるのは賃金面であるが，他にも，職務内容，労働時間が定年前とは変化する場合もある。後掲の裁判例では，使用者が継続雇用の対象者に対して提示した労働条件について，これらの複数の要素を総体的に勘案してその合理性が判断されていると思われる（この点，後述する，パート・有期雇用労働法における均衡待遇の判断が，原則として労働条件の項目ごとに合理性が判断されるのとは異なる）。

(2)　裁判例の俯瞰

①　愛知ミタカ運輸事件

　愛知ミタカ運輸事件（大阪高判平成22.9.14労判1144号74頁）は，60歳で定年退職した後，シニア社員制度におけるシニア社員（嘱託）として雇用された労働者が，シニア社員としての給与が正社員当時の給与と比較して極めて低額であることが違法であると主張して，正社員当時とシニア社員との給与の差額を使用者に請求した事案である。

　本件は旧労働契約法20条により同一労働同一賃金が法制化される2012（平成24）年より以前に生じた案件ではあったが，上記判決は，同一労働同一賃金や均等待遇の原則の精神は尊重されるべきとの見解を仮定して検討を進めるとした上で，「正社員とシニア社員の賃金額を比較すると，…正社員の場合には43万円となることを前提に，54.6％となると試算してい

82

る。」との賃金差が，高年法の趣旨に反し，公序良俗違反といえるほどの差に至っているかという問題について，「高年齢者雇用安定法は，…労働者の60歳到達時の賃金月額を100として，60歳以降の賃金額が60歳到達時の賃金月額の25％以上下がった場合には高年齢雇用継続給付金を支給するとし，①61％未満の場合には60歳以後の賃金月額の15％，②61％から75％未満の場合には60歳以後の賃金月額の０〜15％の額を支給するものとされており…，法が75％以下となることを許容し，61％となることまでも具体的に細かく予測をした上で支給金の割合を決定しており，少なくとも同一企業内において賃金額自体を比較した場合には，制度上織り込み済みというべきもの」であること，「上記54.6％といった数字は，我が国労働市場の現況や，定年退職後の雇用状況に鑑みると，これが公序良俗に違反するとまで認めることは困難である」こと，加えて，「他社の扱いをみても，９割の企業が，勤務延長制度の採用や定年引き上げではなく，再雇用制度を取り入れており，しかもそのうちの44.4％の企業が定年到達時の年収の６，７割の，また20.4％の企業が定年到達時の年収の半分程度を予定して制度設計している」こと，「別途の調査報告によっても，…60歳を超えてからの賃金額は，定年前の50％から70％の間に73.8％が集中しており，そのうち60から69％の間とする企業が最も多く集中している」という社会的実情を指摘し，当該会社における上記賃金の差が特段偏向しているものともいいがたいとしている。

　また，シニア社員の賃金額自体が，高年齢者雇用安定法の趣旨を損なうほどの低額かという点についても，「平成19年４月以降の控訴人（筆者註：定年後再雇用者）のシニア社員としての給与のみみても，その平均額は，22万6168円…である。…これに対し，奈良県の運輸業・企業規模100ないし999人（被控訴人（筆者註：使用者）規模は従業員数180名…）の給与額は，きまって支給する現金給与額18万5100円，所定内給与額17万3400円である。…そうすると，…シニア社員の賃金額それ自体を取り上げても，奈

良県内の賃金レベルからみて，高年齢者雇用安定法の趣旨を没却ないしは潜脱するほどの低額であるともいうことはできない。」等と説示し，結論としては，高年法の趣旨として期待される定年後の雇用の一定の安定性が確保される道が開かれたとの評価も可能なのであって，公序良俗に違反していると認めることは困難とした。

　なお，同判決は，理論的前提として，65歳までの雇用確保措置として定年の引上げを定めた高年法9条1項の私法的効力（強行性）の有無について，「同法9条1項の規定の仕方を見ると，違反した場合に私法的効力を認める明文規定や補充的効力に関する規定が存在せず，同項1～3号の各措置に伴う労働契約の内容や労働条件に関する具体的規定がなく，特に2号の継続雇用制度の内容が一義的に規定されていないことから，私法上の効力を発生させるだけの具体性を備えていると解釈するのは困難である」としており，高年法それ自体を理由として，労働者（本件ではシニア社員）が使用者に，その主張する賃金差額分を請求することはできないと説示している点も留意が必要である（もっとも，だからといって，高年法の趣旨に違背するような低条件を継続雇用時において提示することが無制約に許されるわけではなく，後述③のとおり，不法行為が成立し，一定の範囲で損害賠償義務を負う場合もあるので，注意が必要である）。

②　トヨタ自動車ほか事件

　トヨタ自動車ほか事件（名古屋高判平成28.9.28労判1146号22頁）は，使用者が60歳定年を迎える労働者に対し，60歳まで従事してきた事務職の業務ではなく清掃業務等を提示したことが問題となった事案であり，定年後再雇用者への労働条件提示につき，賃金面ではなく職務内容面から，高年法の趣旨が問題となったものとしていささか有名な裁判例である。

　同判決は，高年法により，使用者は定年を迎えた労働者に対して，「継続雇用の機会を適正に与えるべきであって，定年後の継続雇用としてどの

84

ような労働条件を提示するかについては一定の裁量があるとしても，提示した労働条件が，無年金・無収入の期間の発生を防ぐという趣旨に照らして到底容認できないような低額の給与水準であったり，社会通念に照らし当該労働者にとって到底受け入れ難いような職務内容を提示するなど実質的に継続雇用の機会を与えたとは認められない場合においては，当該事業者の対応は改正高年法の趣旨に明らかに反するものである」とした。そして，当該事案について，まず使用者が定年後再雇用者に対して提示した労働条件のうち賃金面については，「被控訴人会社が控訴人（筆者註：当該労働者）に対して提示した給与水準が，控訴人がパートタイマーとして1年間再雇用されていた場合，賃金97万2000円（4時間×243日×時給1000円）の他に，賞与として年間29万9500円が支給されたと推測されることが認められるから…，控訴人が主張する老齢厚生年金の報酬比例部分（148万7500円）の約85％の収入が得られることになる。上記の給与等の支給見込額に照らせば，無年金・無収入の期間の発生を防ぐという趣旨に照らして到底容認できないような低額の給与水準であるということはできない。」として，高年法の趣旨に反することはないとした。

　しかし，業務内容の面については，「提示された業務内容は，シュレッダー機ごみ袋交換及び清掃（シュレッダー作業は除く），再生紙管理，業務用車掃除，清掃（フロアー内窓際棚，ロッカー等）というものであるところ，…事務職としての業務内容ではなく，単純労務職（地方公務員法57条参照）としての業務内容であることが明らかである。上記の改正高年法の趣旨からすると，被控訴人会社は，控訴人に対し，その60歳以前の業務内容と異なった業務内容を示すことが許されることはいうまでもないが，両者が全く別個の職種に属するなど性質の異なったものである場合には，もはや継続雇用の実質を欠いており，…従前の職種全般について適格性を欠くなど通常解雇を相当とする事情がない限り，そのような業務内容を提示することは許されない…。…地方公務員法がそれに従事した者の労働者

関係につき一般行政職に従事する者とは全く異なった取扱いをしていることからも明らかなように，全く別個の職種に属する性質のものである…。したがって，被控訴人会社の提示は，控訴人がいかなる事務職の業務についてもそれに耐えられないなど通常解雇に相当するような事情が認められない限り，改正高年法の趣旨に反する違法なものといわざるを得ない。」とし，当該使用者の上記一連の対応は雇用契約上の債務不履行に当たるとともに不法行為とも評価できると結論づけている。

　雇用保障の規制が強いわが国の法制度においては，使用者は労働者の配置，いわば職務内容の決定については比較的広い裁量が認められており，定年後再雇用においてもそれは同様と解されるが（使用者としては，よほどのことがない限り，再雇用を拒否することができない反面，再雇用者をどのような職務内容で活用するかは，使用者の広い裁量に委ねられる，と解される），上記判決は，その定年後再雇用者の職務内容を問題視したものである。ただし，定年後再雇用の事案ではなく，正社員雇用下における異動の事案であっても，異動が使用者の権利濫用に該当するか否かは，当該異動による労働者の労働条件の変化（賃金面，職務内容，さらには通勤状況，職場環境等）はもちろん，使用者側の事情（必要性の程度・内容，他の同様・類似の労働者の異動状況，異動に至る経緯等々）にもよってくるので，一概に，上記判決を定年後再雇用における労働条件提示のケース一般に当てはめることには慎重であるべきと考えるが，<u>定年後再雇用者に提示する労働条件について，賃金面のみを考慮すればよいとは限らないということを示した影響は少なくない</u>といえる。

③　九州惣菜事件

　九州惣菜事件（福岡高判平成29.9.7労判1167号49頁）事件は，使用者が高年法に基づき設けていた継続雇用制度に基づき，定年を迎える労働者に再雇用の労働条件を提示したところ，これを承諾せず再雇用に至らなかっ

86

た当該労働者が，主位的には，使用者との間の雇用契約関係の成立による
未払賃金（定年前賃金の８割相当）を請求し，予備的には，使用者が当該
労働者の「再雇用契約へ向けた条件提示に際し，賃金が著しく低廉で不合
理な労働条件の提示しか行わなかったことは，…再雇用の機会を侵害する
不法行為を構成する旨主張して，逸失利益金1663万2000円及び慰謝料金
500万円，合計2163万2000円及びこれに対する…遅延損害金の支払を求め」
たという事案である。

　上記判決は，まず，当該労働者の主位請求である使用者との雇用契約の
成立については，「控訴人（筆者註：当該労働者）と被控訴人（筆者註：
使用者）の交渉において，フルタイムかパートタイムか及び賃金等の個別
的労働条件について合意に至っていない。…定年後再雇用規程上，就業条
件等は個別に定める，再雇用にあたって会社が提示する労働条件は正社員
時の労働内容と異なる場合もある，とだけ定められ，また，就業規則も，
基本給及び職務給は，能力・技能・作業内容・学識・経験等を勘案して，
各人ごとに決定する（賃金給与規定），あるいは，基準内賃金は，時間給
とし，職務の内容，勤務時間，技能能力等を勘案して各人ごとに定める
（パートタイマー就業規則）と規定するにとどまっているから，就業規則
等により賃金等の控訴人の労働条件が…定まることはない。…このように
労働条件の根幹に関わる点について合意がなく…，当事者の具体的合意以
外の規範，基準等によりこれを確定し難い場合に，これらを捨象した抽象
的な労働契約関係の成立を認めることはできない」として，当該労働者の
主張をしりぞけた。

　次に，当該労働者の予備的請求である不法行為による損害賠償請求につ
いては，まず，旧労働契約法20条違反の有無について，「控訴人は，定年
退職後，被控訴人と再雇用契約を締結したわけではないから，本件におい
て，少なくとも直接的には，本条を適用することはできない…。仮に，…
同条が適用されるとしても，控訴人が定年前の労働条件と本件提案を比較

して問題とするのは主として賃金の格差であるところ，被控訴人の就業規則上，賃金表は存在せず，パートタイム従業員もそれ以外の従業員も，主たる賃金は，能力及び作業内容等を勘案して各人ごとに定めるものとされているから，パートタイム従業員とそれ以外の従業員との間で，契約期間の定めの有無が原因となって構造的に賃金に相違が生ずる賃金体系とはなっていない。したがって，定年前の賃金と本件提案における賃金の格差が，労働契約に『期間の定めがあることにより』（同条［筆者註：旧労働契約法20条]）生じたとは直ちにいえない。」として，使用者の労働条件の提案は旧労働契約法20条に違反するとは認められないとした。

　一方，公序良俗違反等の有無については，高年法9条1項は，「事業主に定年退職者の希望に合致した労働条件の雇用を義務付けるといった私法上の効力を有するものではないものの，その趣旨・内容に鑑みれば，労働契約法制に係る公序の一内容を為しているというべきであるから，同法（同措置）の趣旨に反する事業主の行為，例えば，再雇用について，極めて不合理であって，労働者である高年齢者の希望・期待に著しく反し，到底受け入れ難いような労働条件を提示する行為は，…不法行為となり得ると解するべきである」とした上で，本件については，使用者が当該労働者に対して提案した労働条件は定年前同様の「フルタイムでの再雇用を希望していた控訴人を短時間労働者とするものである。一般に，労働時間の短縮自体は労働者に不利益ではなく，控訴人がフルタイムを希望したのも，…主に一定額以上の賃金を確保するためであると解される。…控訴人の定年前の月額賃金…を時給に換算すると1944円になり…，本件提案における時給900円はその半額にも満たないばかりか，月収ベースで比較すると，本件提案の条件による場合の月額賃金は8万6400円（1か月の就労日数を16日とした場合）となり，定年前の賃金の約25パーセントに過ぎない。この点で，本件提案の労働条件は，定年退職前の労働条件との継続性・連続性を一定程度確保するものとは到底いえない。したがって，本件提案が継

続雇用制度の趣旨に沿うものであるといえるためには，そのような大幅な賃金の減少を正当化する合理的な理由が必要である。」とし，上記判決の事案においては，大幅な賃金の減少を正当化する合理的な理由は存しないとして，使用者の当該労働者に行った提案（およびそれに終始したこと）には違法性があるとした。ただし，損害額については，当該労働者の主張のうち逸失利益については，使用者の違法行為がなければ合意されたであろう賃金の額を認定することは困難であるとしてこれをしりぞけ，慰謝料（100万円）のみを認めるに至っている。

　この事件は，定年後再雇用の際に使用者が提示した労働条件が，その内容によっては不法行為による損害賠償義務を生じ得ることを認めた点で，前述②のトヨタ自動車ほか事件と共通するものであるが，賃金面での問題を理由にした点で，より，実務において留意される場合が多いであろうと思われる。殊に，前述①の愛知ミタカ運輸事件が，定年後再雇用の際の賃金が定年前の賃金の54.6％であった場合に違法とはいえないとしていることと，定年前の賃金の約25％であった本件を違法としていることの比較対照は，実務的において参考になるところは大きいと思われる。もっとも，定年後再雇用における賃金面の合理性は，上記の，定年前の賃金との比率も重要であるが，その絶対額，仕事内容の変化等との関連も考慮されて判断されることはもちろんである（前掲愛知ミタカ運輸事件においてもそうである）。むろん，絶対額が大きいほど，定年前の賃金との比率が低くとも是認される余地が大きいであろうし（逆もまた然りである），仕事内容がより負担，責任において軽いものとなれば，やはり，定年前の賃金との比率が低くとも是認されることとなるであろう。

3 定年後の継続雇用時において，使用者が提案した労働条件につき定年を迎えた労働者が合意しなかった場合

(1) 序

　65歳未満の定年制を採用している使用者が，無期雇用者が定年を迎えた際には原則として65歳までの継続雇用を行う義務があるが，その場合に，継続雇用における労働条件を提示しても，当該労働者との間で合意に達しないことがある。このような場合，使用者と当該労働者との間の法律関係について，結果としていかようになるのかについては，すでに，前述2で紹介した裁判例等でも一部述べられているところであるが，整理のため，ここでまとめて述べておくこととする。

(2) 使用者の提示した労働条件が高年法の趣旨に沿った合理的なものであった場合

　本書でも何度か述べているように，高年法は，使用者に対して定年退職者の希望に合致した労働条件での雇用を義務づけるものではなく，合理的な裁量の範囲の条件を提示していれば，労働者と使用者との間で労働条件等についての合意が得られず，結果的に労働者が継続雇用されることを拒否したとしても，高年法違反となるものではないとしている（高年法Q&A Q1－9）。したがって，使用者の提示した労働条件が高年法の趣旨に沿った合理的なものであったにもかかわらず，定年を迎えた者がこれに同意をしなかった場合，労働契約の当事者間に合意が成立していない以上，継続雇用の雇用契約は成立しないという形式論がそのまま妥当することとなる。また，上述のように，継続雇用関係が成立しないのみならず，使用者としては法の趣旨に沿った行動を行っている以上，当該労働者に対し，何らの法的責任（不法行為による損害賠償義務等）も負わないこととなる。

　なお，使用者の提示した労働条件が高年法の趣旨に沿った合理的なものであるか否かの判断およびその裁判例については，前述2のとおりである。そして，使用者の提示した労働条件が高年法の趣旨に沿った合理的なものと判断された裁判例の1つが，前掲愛知ミタカ運輸事件（大阪高判平成22.9.14労判1144号74頁）である。

(3) 使用者の提示した労働条件が高年法の趣旨に沿った合理的なものでなかった場合

　この場合，使用者は高年法違反という法的評価となるが，それが，当該労働者との間でいかような法律関係として反映されるかは事案によって分かれる。裁判例より考察するところ，使用者の諸規則，当事者間の合理的解釈，当該職場での慣行等により当該労働者の継続雇用において，使用者が提示すべき合理的な労働条件を確定できる場合とそうでない場合とで，結論が分かれるところである。以下，分述する。

① 継続雇用の労働条件が確定できる場合

　この場合について，参考になる代表的裁判例としては，前掲津田電気計器事件（最判平成24.11.29労判1064号13頁）があげられる。上記事件は，使用者が，再雇用者の対象基準の要件を満たさないとして，当該労働者の継続雇用を拒否したところ，当該労働者が再雇用者の労働契約上の地位と賃金等を請求した事案である。すでに本書第2章第2 2(2)②オにおいて詳細を解説しているので，ここでは簡単に述べると，上記判決は，当該労働者は再雇用者の対象基準を満たしていたとした上で，「本件の前記事実関係等の下においては，前記の法の趣旨等に鑑み，上告人（筆者註：使用者）と被上告人（筆者註：当該労働者）との間に，嘱託雇用契約の終了後も本件規程に基づき再雇用されたのと同様の雇用関係が存続しているものとみるのが相当であり，その期限や賃金，労働時間等の労働条件について

は本件規程の定めに従うことになるものと解される。」と判示した。すなわち，「期限，賃金，労働時間等の労働条件」について，使用者が規定していた「本件規程」によりある程度特定できる場合には，特定できる労働条件による雇用契約が成立（存続）すると解しているところである。

②　継続雇用の労働条件が確定できない場合

この場合についての，使用者と当該労働者との間に生ずる法効果をわかりやすく説明したものとしては，前掲九州惣菜事件（福岡高判平成29.9.7労判1167号49頁）があげられる。これもすでに前述(2)③で詳細に説明しているので簡単に述べると，高年法による継続雇用制度に基づき，使用者が定年を迎えた労働者に再雇用の労働条件を提示したところ，これを承諾せず再雇用に至らなかった事案であるが，両当事者間の継続雇用による雇用契約の成立については，「フルタイムかパートタイムか及び賃金等の個別的労働条件について合意に至っていない。…定年後再雇用規程上，就業条件等は個別に定める，再雇用にあたって会社が提示する労働条件は正社員時の労働内容と異なる場合もある，とだけ定められ，また，就業規則も，基本給及び職務給は，能力・技能・作業内容・学識・経験等を勘案して，各人ごとに決定する（賃金給与規定），あるいは，基準内賃金は，時間給とし，職務の内容，勤務時間，技能能力等を勘案して各人ごとに定める（パートタイマー就業規則）と規定するにとどまっているから，就業規則等により賃金等の控訴人（筆者註：当該労働者）の労働条件が…定まることはない。…このように労働条件の根幹に関わる点について合意がなく…，当事者の具体的合意以外の規範，基準等によりこれを確定し難い場合に，これらを捨象した抽象的な労働契約関係の成立を認めることはできない」として，否定している。

このように，使用者が提示した労働条件が高年法の趣旨に反するか否かにかかわらず，雇用関係の内容が確定できない場合には，定年を迎え継続

雇用が問題となった労働者との間における雇用契約は成立しないという理
は，前掲日本ニューホランド（再雇用拒否）事件（札幌高判平成22.9.30労
判1013号160頁）における説示からもうかがわれる。上記判決は，使用者
が，定年を迎えたある労働者（少数派労働組合の中央執行委員長）に対し，
継続雇用の労働条件を提案するまでもなく，継続雇用（再雇用）自体を拒
否した事案であるが，当該使用者における再雇用制度による再雇用契約は，
定年退職者が使用者と新たに締結する雇用契約であるところ，雇用契約で
は，賃金額は契約の本質的要素であり，これが定まっていない再雇用契約
の成立は法律上考えられないとして，継続雇用における雇用契約の成立そ
のものは否認しているところである。

　このように，使用者の提示した労働条件が高年法の趣旨に沿った合理的
なものでなくとも，継続雇用の労働条件が確定できない場合には，使用者
と定年を迎える労働者との間には雇用契約は成立しないのであるが，これ
は，使用者が何らの法的責任を負わないということを意味するものではな
い。まず，使用者に不法行為による損害賠償責任として慰謝料（100万円）
の支払を命じている前掲九州惣菜事件では，当該労働者が主張した逸失利
益については，使用者の違法行為がなければ合意されたであろう賃金の額
を認定することは困難であるとしてこれをしりぞけ，上記慰謝料の支払の
みを認めているが，前掲日本ニューホランド（再雇用拒否）事件では，同
じく認めたのは慰謝料ながら，その損害額を当該労働者が再雇用されてい
たら取得できたと主張する定年前の月額賃金の60％の約20カ月分の額（500
万円）としている（実際の認容額は弁護士費用を含めて合計550万円）。

　なお，上記の九州惣菜事件と日本ニューホランド事件の認容額の違いは，
最終的には事案の相違によるものというしかないが，九州惣菜事件は，一
応使用者が継続雇用の労働条件を提示した事案であったのに対し，日本
ニューホランド（再雇用拒否）事件は最初から継続雇用自体を拒否した事
案であったこと，また，九州惣菜事件は，その説示によれば，使用者が

行った労働条件の提示には「それなりの理由」があり（判決文によれば，店舗数の減少），当該労働者が再雇用されていれば高年齢雇用継続基本給付金も受領でき，また当該労働者は遺族年金を受給していることからすれば，使用者の提示した労働条件は当該労働者の生活を破綻させるようなものではなかったこと等が理由とされている。

③　小　括

　以上，述べたところを敷衍すれば，率直にいえば，使用者としては，定年後再雇用者に対して提示する労働条件（契約条件）が高年法違反と判断された場合のリスクを考えれば，定年後再雇用者の労働条件（賃金，勤務条件，職務内容等）は，極力，再雇用契約締結までは特定し得ない方式としたほうが有利であり，就業規則等の会社諸規程に，再雇用契約の労働条件を特定し得る規定を設けることはリスクがあるということとなろう。もっとも，そうした再雇用契約での労働条件をある程度予測可能性をもって特定しないことは，使用者の恣意的な運用を招くこともあろうし，労務の実務としては，高齢者（もしくはその前段階の中高年層）のモチベーション，使用者へのロイヤリティーを低減させる可能性を含むこともあるので，現実的な配慮が必要なこともあるであろう。

第6 同一労働同一賃金（パートタイム・有期雇用労働法8条，9条）からの問題

1 序

　本来，契約条件とは，契約当事者間の合意によってその内容が決定される。したがって，個々の雇用契約における契約当事者間の協議，合意によりその契約内容が決定されたならば，契約者間の内容の不均等，不均衡は問題にはならないということになる。しかし，社会的実態としては，仕事の内容や重要性は正社員と大差はないにもかかわらず，賃金などの処遇は抑えられている非正規社員（短時間労働者，有期雇用労働者）が多く見られ，社会問題となっていた（その主な理由は，諸企業が新卒採用を控えた就職氷河期に新卒期を迎えた者が，正社員になることが叶わず非正規社員として就業し始めたことにあったとされる）。そこで，2012（平成24）年の労働契約法改正において旧労働契約法20条が設けられ，同一使用者の下での有期雇用者と無期雇用者間の労働条件の相違が，労働者の「職務の内容」（業務の内容と責任の程度により判断される），「当該職務の内容及び配置の変更の範囲その他の事情」を考慮して，「不合理と認められるものであってはならない」と規定されるに至った。

　その後，旧労働契約法20条に基づく，有期雇用者が無期雇用者との労働条件の相違を不合理と訴えた訴訟およびそれに対する判決（リーディング・ケースとして，後掲ハマキョウレックス事件，長澤運輸事件等）が蓄積されたことに鑑み，2018（平成30）年，パートタイム・有期雇用労働法が制定され，同法により，短時間労働者および有期雇用労働者と無期雇用者との均衡待遇（同法8条），均等待遇（同法9条）が法的に求められることとなった。多くの使用者が，高年法上の継続雇用制度により有期雇用者として60歳以上の高齢者を雇用することに鑑みれば，上述の同一労働同

一賃金の問題は，高齢者雇用においても重要な論点を含むので，その一般的内容を後述２のとおり簡単に俯瞰する。

② パートタイム・有期雇用労働法８条，９条による，均衡・均等待遇

(1) 序

　パートタイム・有期雇用労働法の内容は多岐にわたるが，高齢者雇用において特に重要な部分は，同法８条の均衡待遇規定と，同法９条の均等待遇規定である。

(2) 均等待遇規定（パートタイム・有期雇用労働法９条）

　パートタイム・有期雇用労働法９条は，事業主は，職務の内容（業務内容と責任の程度により判断される），職務の内容・配置の変更の範囲（人材活用の仕組みや運用など）が通常の労働者と同一のパートタイム・有期雇用者については，パートタイム・有期雇用者であることを理由として，基本給，賞与その他の待遇のそれぞれについて，差別的取扱いをしてはならない，と規定している。ここで条文があげている「職務の内容」，「職務の内容・配置の変更の範囲」の具体的内容については，後述(3)②に譲るが，簡単にいえば，無期雇用者と仕事の内容や，期待・想定している仕事や役割，勤務場所の幅で変わらないパートタイム雇用・有期雇用者は，無期雇用者と労働条件を差別してはならない，ということである。もっとも，実務の現実としては，無期雇用者と上述の要素が変わらないパートタイム・有期雇用者はあまりみられないので，パートタイム・有期雇用労働法９条の均等待遇規定は，実務上問題となることは多くはなく，実務上重要なのは，後述(3)の均衡待遇規定（パートタイム・有期雇用労働法８条）である。

⑶　**均衡待遇規定（パートタイム・有期雇用労働法8条）**

① **序**

　パートタイム・有期雇用労働法8条は，事業主は，その雇用するパートタイム・有期雇用者の基本給，賞与その他の待遇のそれぞれについて，その待遇に対応する通常の労働者の待遇との間において，パートタイム・有期雇用者と通常の労働者の職務の内容（業務内容と責任の程度により判断される），職務の内容・配置の変更の範囲（人材活用の仕組みや運用など），その他の事情のうち，その待遇の性質および目的に照らして適切と認められるものを考慮して，不合理と認められる相違を設けてはならない，と規定している。

② **パートタイム・有期雇用労働法8条，9条における「職務の内容」，「職務の内容・配置の変更の範囲」**

　上記のうち「職務の内容」とは，業務の内容および当該業務に伴う責任の程度をいう。具体的には，

> ㋐　職種の異同（例：介護事務員，旅館・ホテル接客係，デパート店員等々。「厚生労働省編職業分類」の細分類を目安）
>
> ㋑　従事する中核的業務の異同（その労働者に与えられた職務に不可欠な業務。成果が事業所の業績や評価に対して大きな影響を与える業務。労働者の職務全体に占める時間的割合・頻度が大きい業務等）
>
> ㋒　責任の程度（与えられている権限の範囲。その労働者が契約締結可能な金額の範囲，部下の人数，決裁権限の範囲など。業務の成果について求められる役割。トラブル発生時や臨時・緊急時に求められる対応の程度等）

等によって判断される。

　上記のうち「職務の内容・配置の変更の範囲」とは，

> ㋐　転勤の有無（実際に転勤したかだけでなく，将来の見込みも就業規則や慣行に基づいて判断する）
> ㋑　転勤の範囲の異同（全国転勤の有無，転勤のエリアの異同等）
> ㋒　職務の内容・配置の変更の有無（人事異動による配置換えや昇進に伴う異動の違い。将来の見込みも含めて）
> ㋓　職務の内容・配置の変更の範囲の異同（経験する部署の範囲や昇進の範囲）

等によって判断される。

③　パートタイム・有期雇用労働法8条，9条にいう「基本給，賞与その他の待遇のそれぞれについて」の意味

　パートタイム・有期雇用者と無期雇用者との間の労働条件の相違についての合理性の有無は，両者間の全体的な労働条件，賃金を比較して判断されるのではなく，労働条件の各項目（基本給，賞与，役職手当，住宅手当，夏期冬期休暇，休職制度等々）を比較して判断されることとされている（後掲ハマキョウレックス事件［最判平成30.6.1労判1179号20頁］）。したがって，総体的な賃金において相違がない場合であっても，ある項目（たとえば「○○手当」といった賃金項目）について相違があった場合，両者間の職務の内容の異同，配置の変更の範囲（人材活用の仕組みや運用など）の異同，その他の事情を勘案して，不合理と判断される可能性がある，ということである。

④　パートタイム・有期雇用労働法8条の「当該待遇の性質及び当該待遇を行う目的に照らして適切と認められるものを考慮して」の意味

　パートタイム・有期雇用労働法8条は，パートタイム・有期雇用者と通常の労働者の「職務の内容」，「職務の内容・配置の変更の範囲」，「その他

の事情」のうち，その待遇の性質および目的に照らして適切と認められるものを考慮して，労働条件の相違が不合理であるか否かを判断することとしている。すなわち，相違が問題となった労働条件がたとえば「基本給」であれば，その使用者の「基本給」がどのような性質，目的を有するかを考えた上で（たとえば，年功に報いる性質のものか，能力，または職務の程度を考慮する性質のものか。むろん，複合的な性質・目的を有すると解される場合もある），パートタイム・有期雇用者と通常の労働者との間の「職務の内容」，「職務の内容・配置の変更の範囲」の異同の有無や程度，「その他の事情」が，上記の性質・目的に照らして労働条件の相違を理由付けるものであるか否かを考慮する，という検討過程を踏むこととなる。なお，具体的な検討例としては，厚生労働省により「同一労働同一賃金ガイドライン」（平成30年12月28日厚生労働省告示430号「短時間・有期雇用労働者及び派遣労働者に対する不合理な待遇の禁止等に関する指針」）が公表されている（ただし，すべての事例を網羅しているわけではない）。

③ パートタイム・有期雇用労働法8条，9条に違反した場合の法効果

　まず，実務上，問題となるのがパートタイム・有期雇用労働法8条，9条に違反した場合，通常の無期雇用者（多くは正社員）の労働条件がパートタイム・有期雇用者にも適用されるか否か，さらには，使用者はどのような責任を負うのか，である。この点について参考になるのは，パートタイム・有期雇用労働法8条の前身であった旧労働契約法20条（無期雇用者と有期雇用者との間の合理的な労働条件の相違を禁止する規定）についての裁判例であるので，以下に紹介する。

　旧労働契約法20条についてのリーディング・ケースというべき裁判例であるハマキョウレックス事件（最判平成30.6.1労判1179号20頁）は，大要，「労働契約法20条が有期契約労働者と無期契約労働者との労働条件の相違

は『不合理と認められるものであってはならない』と規定していることや，その趣旨が有期契約労働者の公正な処遇を図ることにあること等に照らせば，<u>同条の規定は私法上の効力を有するものと解するのが相当であり，有期労働契約のうち同条に違反する労働条件の相違を設ける部分は無効となる</u>…。もっとも，同条は，有期契約労働者について無期契約労働者との職務の内容等の違いに応じた均衡のとれた処遇を求める規定であり，文言上も，両者の労働条件の相違が同条に違反する場合に，当該有期契約労働者の労働条件が比較の対象である無期契約労働者の労働条件と同一のものとなる旨を定めていない。そうすると，<u>有期契約労働者と無期契約労働者との労働条件の相違が同条に違反する場合であっても，同条の効力により当該有期契約労働者の労働条件が比較の対象である無期契約労働者の労働条件と同一のものとなるものではないと解するのが相当である。</u>」と説示した上で，有期雇用者からの，労働契約に基づく無期雇用者の労働条件との差額賃金請求については棄却しつつ，不法行為に基づく上記差額に相当する額の損害賠償請求について一部を認容している。

　上記判決によれば，パートタイム・有期雇用労働法8条，9条に違反した場合，パートタイム・有期雇用者に通常の無期雇用者の労働条件が適用されることまではないものの，そうした法違反により生じた損害について，使用者は損害賠償を求められる，という結論となる。

④ 正社員と定年後再雇用者の労働条件の相違についての裁判例

(1)　序

　同一労働同一賃金の趣旨に基づく旧労働契約法20条が施行されたのは，2012（平成24）年であり，現時点（2021（令和3）年8月時）ではいまだ10年を経ていない。しかし，立法の面では，すでに2018（平成30）年に，同一労働同一賃金の趣旨をより明確にすべく，パートタイム・有期雇用労

働法が改正され，さらには，司法の面では，すでに相当数の裁判例が集積されつつあり，その中には，正社員（無期雇用者）が定年後に継続雇用されたことで定年後再雇用者（有期雇用者）となった後に，正社員との労働条件の相違を違法として使用者を提訴したものも少なくない。

　以下は，本書の目的に鑑み，同一労働同一賃金が問題となった裁判例の中で，定年後再雇用者により提訴されたものを中心に，紹介することとする。

(2)　各裁判例の俯瞰

①　長澤運輸事件

　長澤運輸事件（最判平成30.6.1労判1179号34頁）は，定年退職後再雇用された有期雇用者らが，正社員との労働条件の相違を旧労働契約法20条違反として提訴したリーディング・ケースとして著名な裁判例である。事案を簡単に述べれば，使用者を正社員として定年退職した後に有期雇用者として就労している労働者らが，正社員との間に，旧労働契約法20条に違反する労働条件の相違があると主張して，使用者に対して，主位的には，正社員の就業規則等が適用される労働契約上の地位にあることの確認および上記就業規則等により支給されるべき賃金と実際の賃金との差額等の支払を求め，予備的に，不法行為に基づき，上記差額に相当する額の損害賠償金等の支払を求めたものである。

　上記判決は，旧労働契約法20条は，職務の内容，当該職務の内容および配置の変更の範囲その他の事情（以下「職務の内容等」という）を考慮して，有期契約労働者と無期契約労働者との労働条件の相違が不合理であってはならないとするものであり，職務の内容等の違いに応じた均衡のとれた処遇を求める規定であるとした上で，「有期契約労働者が定年退職後に再雇用された者であることは，当該有期契約労働者と無期契約労働者との労働条件の相違が不合理と認められるものであるか否かの判断において，

労働契約法20条にいう『その他の事情』として考慮されることとなる」とした。その上で、「労働条件の相違が不合理…か否かを判断するに当たっては、当該賃金項目の趣旨により、その考慮すべき事情や考慮の仕方も異なり得る…。そうすると、有期契約労働者と無期契約労働者との個々の賃金項目に係る労働条件の相違が不合理と認められるものであるか否かを判断するに当たっては、両者の賃金の総額を比較することのみによるのではなく、当該賃金項目の趣旨を個別に考慮すべきものと解するのが相当である。」との一般論を提示し（この説示の理が、前述２(3)②の内容である）、労働条件の相違が問題となった各賃金項目について、不合理であるか否かを判断している。その各論は以下のとおりである（多少長くなるが、定年退職者の再雇用における労働条件の設定につき、極めて重要な裁判例であるので、詳細に紹介する必要があるところである）。

ア　定年後再雇用者に対して能率給および職務給が支給されないこと等

「被上告人（筆者註：使用者）は、嘱託乗務員（筆者註：定年後再雇用者）について、正社員と異なる賃金体系を採用するに当たり、職種に応じて額が定められる職務給を支給しない代わりに、基本賃金の額を定年退職時の基本給の水準以上とすることによって収入の安定に配慮するとともに、歩合給に係る係数を能率給よりも高く設定することによって労務の成果が賃金に反映されやすくなるように工夫している…。そうである以上、嘱託乗務員に対して能率給及び職務給が支給されないこと等による労働条件の相違が不合理と認められるものであるか否かの判断に当たっては、嘱託乗務員の基本賃金及び歩合給が、正社員の基本給、能率給及び職務給に対応するものであることを考慮する必要がある…。…本件賃金につき基本賃金及び歩合給を合計した金額並びに本件試算賃金につき基本給、能率給及び職務給を合計した金額を上告人（筆者註：当該労働者）ごとに計算すると、前者の金額は後者の金額より少ないが、その差は上告人Ｘ１につき約10％，

102

上告人X2につき約12％，上告人X3につき約2％にとどまっている。さらに，嘱託乗務員は…一定の要件を満たせば老齢厚生年金の支給を受けることができる上，被上告人は，本件組合との団体交渉を経て，老齢厚生年金の報酬比例部分の支給が開始されるまでの間，嘱託乗務員に対して2万円の調整給を支給することとしている。これらの事情を総合考慮すると，嘱託乗務員と正社員との職務内容及び変更範囲が同一であるといった事情を踏まえても，正社員に対して能率給及び職務給を支給する一方で，嘱託乗務員に対して能率給及び職務給を支給せずに歩合給を支給するという労働条件の相違は，…労働契約法20条にいう不合理と認められるものに当たらない」。

　この部分の説示において重要なことは，原則として，無期雇用者と有期雇用者の労働条件の相違の非合理性を判断するにあたっては，両者の賃金の総額を比較するのみではなく，当該賃金項目の趣旨を個別に考慮することを原則としつつ，ある賃金項目（上述の例でいえば能率給および職務給）の有無・金額が，他の賃金項目（上述の例でいえば基本賃金および歩合給）の有無・金額を考慮しながら決定された経緯があるような場合は，関連する賃金項目をあわせて考慮することが妥当である，ということである。換言すれば，使用者が有期雇用者の労働条件を設定・決定する際に，1つの賃金項目について，他の項目を含めて総体的に考慮しつつその金額を決定したような場合には，労使交渉における説明書等において，そうした考慮がわかるような証跡を残しておくことが望ましい，ということとなる。

　イ　定年後再雇用者に対して精勤手当が支給されないこと
　「精勤手当は，…従業員に対して休日以外は1日も欠かさずに出勤することを奨励する趣旨で支給されるものである…。そして，被上告人の嘱託乗務員と正社員との職務の内容が同一である以上，両者の間で，その皆勤

を奨励する必要性に相違はない…。…したがって，正社員に対して精勤手当を支給する一方で，嘱託乗務員に対してこれを支給しないという労働条件の相違は，…労働契約法20条にいう不合理と認められるものに当たる…。」

　これは，精勤手当の趣旨（休日以外は１日も欠かさずに出勤することを奨励する）は，無期・有期を問わず，全労働者に対して妥当するものであることは否定しがたく，有期雇用者と無期雇用者の間に，業務内容，勤続期間，労働日等，大きく事情を異にするような事実関係がなければ，多くの場合，上述の判示が妥当すると思われる。

ウ　定年後再雇用者に対して住宅手当および家族手当が支給されないこと

　「被上告人における住宅手当及び家族手当は，その支給要件及び内容に照らせば，前者は従業員の住宅費の負担に対する補助として，後者は従業員の家族を扶養するための生活費に対する補助として，それぞれ支給されるものである…。上記各手当は，いずれも…，従業員に対する福利厚生及び生活保障の趣旨で支給されるものであるから，…労働者の生活に関する諸事情を考慮することになる…。…正社員には，嘱託乗務員と異なり，幅広い世代の労働者が存在し得る…，そのような正社員について住宅費及び家族を扶養するための生活費を補助することには相応の理由がある…。…嘱託乗務員は，正社員として勤続した後に定年退職した者であ…る。これらの事情を総合考慮すると，嘱託乗務員と正社員との職務内容及び変更範囲が同一であるといった事情を踏まえても，正社員に対して住宅手当及び家族手当を支給する一方で，嘱託乗務員に対してこれらを支給しないという労働条件の相違は，…労働契約法20条にいう不合理と認められるものに当たらない」。

　なお，上述は，住宅手当，家族手当について，嘱託乗務員に支給しないことを不合理でないとしたが，これは，住宅手当，家族手当の趣旨・目的

からというよりは，嘱託乗務員の特性（率直にいえば高齢者であり，幅広い世代の労働者ではなく，生活補助の必要性が低いこと）によるものであって，有期雇用者全般に当てはめることは妥当でないことが多い点に，留意すべきである（たとえば，住宅手当については日本郵便（東京）事件（東京高判平成30.12.13労判1198号45頁），家族手当（扶養手当）については，日本郵便（大阪）事件（最判令和2.10.15労判1229号67頁等）。

エ　定年後再雇用者に対して役付手当が支給されないこと

「上告人らは，…役付手当が年功給，勤続給的性格のものである旨主張しているところ，被上告人における役付手当は，その支給要件及び内容に照らせば，正社員の中から指定された役付者であることに対して支給されるものである…。したがって，正社員に対して役付手当を支給する一方で，嘱託乗務員に対して…支給しないという労働条件の相違は，労働契約法20条にいう不合理と認められるものに当たるということはできない。」。

役付手当は，その名称からもうかがえるように，役職に就いていることを理由として支給されるものであろうから，高齢者が定年後再雇用者となった後には役職に就くことが想定されていない場合には，上述のような結論になるのが簡明であろう。ただし，実務では，定年前まである役職に就いていた者が，定年後には形式的には当該役職から外れたものの，定年前の正社員から後任の役職者が選任されず，結局，当該定年後再雇用者が，実質的に旧来の役職者の業務を行っている，といった例も見られる。このような場合，法的判断として，実質論を重視して，当該定年後再雇用者は役職に就いているとみなされ，役付手当が支給されるのが妥当とされることもあり得る（実質的な業務内容次第ではあろう）。したがって，形式的な役職名と実質的な業務内容との不一致には注意すべきである（もっとも，これは，何も高齢者の定年後再雇用に限ったことではなく，広く人事・労務一般にかかることではある）。

オ　定年後再雇用者の時間外手当と正社員の超勤手当との相違

「正社員の超勤手当及び嘱託乗務員の時間外手当は，いずれも従業員の時間外労働等に対して労働基準法所定の割増賃金を支払う趣旨で支給されるものである…。…嘱託乗務員に精勤手当を支給しないことは，不合理であると評価することができる…，正社員の超勤手当の計算の基礎に精勤手当が含まれるにもかかわらず，嘱託乗務員の時間外手当の計算の基礎には精勤手当が含まれないという労働条件の相違は…労働契約法20条にいう不合理と認められるものに当たる」。

これは，前述イのとおりの精勤手当の趣旨と，時間外手当の算定基礎が法定されていることからすれば，自然な理というべきである（もっとも，率直にいって，大きな問題ではないとも思われる）。

カ　定年後再雇用者に対して賞与が支給されないこと

「賞与は，月例賃金とは別に支給される一時金であり，労務の対価の後払い，功労報償，生活費の補助，労働者の意欲向上等といった多様な趣旨を含み得る…。嘱託乗務員は…定年退職に当たり退職金の支給を受けるほか，老齢厚生年金の支給を受けることが予定され，その報酬比例部分の支給が開始されるまでの間は被上告人から調整給の支給を受ける…。…嘱託乗務員の賃金（年収）は定年退職前の79％程度とな…り，嘱託乗務員の賃金体系は，…嘱託乗務員の収入の安定に配慮しながら，労務の成果が賃金に反映されやすくなるように工夫した内容になっている。これらの事情を総合考慮すると，嘱託乗務員と正社員との職務内容及び変更範囲が同一であり，正社員に対する賞与が基本給の5か月分とされているとの事情を踏まえても，正社員に対して賞与を支給する一方で，嘱託乗務員に対してこれを支給しないという労働条件の相違は，…労働契約法20条にいう不合理と認められるものに当たらない」。

上述のとおり，多くの企業では，賞与は，労務の対価の後払い，功労報

償，生活費の補助，労働者の意欲向上等といった多様な趣旨を含むとされ，それらの多様な趣旨をどのように勘案し支給の有無や金額を決定するかは使用者の広汎な裁量に委ねられざるを得ない。したがって，上述したところとは異なり，賞与の有無・金額がかなり固定的な支給方法・基準で決定されることとなっており，それを有期雇用者に適用しないことが不合理である場合，あるいは，総体的に有期雇用者の賃金水準が低廉であり，全体として使用者の裁量の限界に近いような場合を除いては，原則として上述のような結論になると思われる。換言すれば，使用者としては，その賞与支給の有無・金額の裁量の幅を狭めるような，限定的かつ固定的な賞与の算定方法を定めてしまうことは，少なくとも，パート・有期雇用労働法8条，9条（さらには同一労働同一賃金の原則）の観点からは，リスクが高まるということとなろう。

キ　小　括

　長澤運輸事件は，大要，以上の説示により，定年後再雇用者側の請求の大部分を棄却した。当該事案は，前述ア〜カの説示にあるように，定年前後で職務の内容がほぼ変わらない事案であり，実務においてもそのような例は決して少なくないのが実情であることにより，世間一般の企業では，安堵の声が多かった判決ではあるが，後掲の名古屋自動車学校事件（名古屋地判令和2.10.28労判1233号5頁）にもあるように，定年前後で職務の内容が変わらなかった場合に，事案によっては，一定の範囲で定年前の正社員との労働条件の格差が不合理と判断されるリスクはあるので，この長澤運輸事件だけを頼りに，上記のリスクを看過するのは妥当ではない。

　長澤運輸事件において，労働条件の相違の不合理性が否定された理由の枢要部は，全体面では，定年後再雇用者である嘱託乗務員の賃金（年収）が定年退職前の79％程度であったこと，手続面においては，定年後再雇用者の所属する労働組合との団体交渉による労使協議を行い，現に，当初策

定した定年後再雇用の労働条件を順次修正しているように（最終的に，基本賃金を月額10万円から12万5,000円へ変更し，無事故手当は1万円から5,000円になっているものの，月額2万円の調整給を設けている），労使間の合意に丁寧に努力していること，その結果もあり，個別の賃金項目（能率給および職務給が支給されないこと）においても，一定の合理性が保たれていること（上述ア）といったところであると解される。すなわち，長澤運輸事件における司法判断は，訴訟前における使用者の慎重な努力および考慮と，それに加えて，訴訟時に適切かつ丁寧に上述の実態を訴えた使用者の説明の技術によるものである（現に，控訴審，最高裁では使用者が勝訴しているが，第一審では使用者はほぼ敗訴の結果であった）。

②　学究社（定年後再雇用）事件

　学究社（定年後再雇用）事件（東京地判立川支部平成30.1.29労判1176号5頁）も，使用者に定年後再雇用された者が，定年前の賃金との差額分の請求を行った事案である。本件でも，旧労働契約法20条にいう不合理な労働条件の相違（無期雇用者であった定年前の賃金と有期雇用者となった定年後再雇用における賃金との相違）が問題になったところ，上記判決は，「定年退職後の再雇用契約…の内容である賃金は，定年退職前の…30パーセントから40パーセント前後が目安とされ，…労働契約法20条の適用が問題となる。しかし，…原告（筆者註：当該労働者）は，定年前は専任講師であったのに対し，定年後の再雇用においては時間講師であり，その権利義務には相違があること，勤務内容についてみても，再雇用契約に基づく時間講師としての勤務は，原則として授業のみを担当するものであり，例外的に上司の指示がある場合に父母面談や入試応援などを含む生徒・保護者への対応を行い，担当した授業のコマ数ないし実施した内容により，事務給（時給換算）が支給されるもので…両者の間には，その業務の内容及び当該業務に伴う責任の程度に差がある…。また，本件の再雇用契約は，

高年法9条1項2号の定年後の継続雇用制度に該当するものであり，…一般的に不合理であるとはいえない。…定年退職後の再雇用契約と定年退職前の契約の相違は，労働者の職務の内容及び配置の変更の範囲その他の事情を考慮して不合理であるとはいえず，労働契約法20条に違反するとは認められない。」と判示している。上記判決は，定年前の無期雇用者と定年後の有期雇用者との間に約60〜70％という非常に大きな賃金差がある事案であったが，定年前後において職務の内容の違いも大きく，この点で前掲の長澤運輸事件等とは異なっている。むろん，職務の内容の違いがここまで大きなものでなければ，本件における60〜70％という賃金差が不合理ではないと判示されたかどうかは定かではないところではある。

　なお，定年後再雇用者との雇用契約（使用者による労働条件提示）が，高年法による継続雇用制度による場合，労働条件が定年前よりも低いものであっても合理性がなくなるわけではない（むろん，限度はあるであろうが）ことを説示していることは，すでに高年法Q&AのQ1−4，Q1−9で明らかにされているとはいえ，実務における指針として意義があると思われる。

③　五島育英会事件

　五島育英会事件（東京地判平成30.4.11労経速2355号3頁）は，定年退職後に使用者と有期労働契約を締結して就労していた者が，定年後の賃金が定年退職前の無期労働契約に基づく賃金の約6割程度しかないことは旧労働契約法20条にいう不合理な労働条件の相違であると主張して，使用者を提訴した事案である。上記判決も，前掲学究社（定年後再雇用）事件同様，定年後再雇用者の請求を棄却している。要部を紹介すれば，以下のとおりである。

　「基本給，調整手当及び基本賞与の額が定年退職時の水準の約6割に減じられるというものであって…，その程度は小さいとはいえない。しかし

ながら，本件学校における賃金体系は基本給の一部に年齢給が含まれるな
ど年功的要素が強いものであるところ，<u>我が国においては，終身雇用制度</u>
<u>を背景に，雇用の安定化や賃金コストの合理化を図るという観点から，伝</u>
<u>統的に年功性の強い賃金体系が採られており，このような賃金体系の下で</u>
<u>は定年直前の賃金が当該労働者のその当時の貢献に比して高い水準となる</u>
<u>ことは公知の事実である。</u>このように，年功的要素を含む賃金体系におい
ては就労開始から定年退職までの全期間を通じて賃金の均衡が図られてい
ることとの関係上，<u>定年退職を迎えて一旦このような無期労働契約が解消</u>
<u>された後に新たに締結された労働契約における賃金が定年退職直前の賃金</u>
<u>と比較して低額となることは当該労働者の貢献と賃金との均衡という観点</u>
<u>からは見やすい道理</u>であり，それ自体が不合理であるということはできな
い。そして，この理は，本件定年規程が高年齢者の雇用の安定等に関する
法律上の高年齢者雇用確保措置の対象年限たる65歳を超える雇用継続を前
提とした制度であることを考慮すれば尚更であるといえる。」との一般論
を前提に，「<u>総額をもって比較すると，…約63％に相当する</u>ことや，…退
職前年度と退職年度の職務との内容の差異をも考慮すれば，本件労働条件
の相違が直ちに不合理であるとはいえない。…嘱託教諭の基本給等を退職
前の約6割に相当する額とする旨定めた本件定年規程は，<u>原告（筆者註：</u>
<u>当該労働者）も構成員であった本件組合と被告（筆者註：使用者）との合</u>
<u>意により導入されたものである。</u>」として，結論として，不合理な労働条
件の相違ではないと判断している。

　以上の説示のうち，わが国で多く採用されている年功序列型賃金におい
て，「定年直前の賃金が当該労働者のその当時の貢献に比して高い水準と
なる」との実態の解析は着目すべき説示であって，高齢者雇用における労
働条件の設定のみならず，企業における賃金制度設計全般について，留意
すべき社会的実態を判決において認識，確認した1つの例となり得るとも
考えられる。

110

④ 北日本放送事件

北日本放送事件（富山地判平成30.12.19労経速2374号18頁）も，定年退職後，有期契約労働者として再雇用された社員が，無期契約労働者との間の，基本給，賞与，住宅手当，裁量手当，祝金といった労働条件の相違が旧労働契約法20条に違反すると主張した事案である。基本給についていえば，正社員時の基本給と再雇用時の基本給との間に約27％の差があった事案であったが，判決は，当該再雇用者の請求を棄却している。上記判決は，再雇用社員と正社員の職務の内容，当該職務の内容および配置の変更の範囲はいずれも異なると認められた事案であり，これが再雇用者の請求が認められなかった主な要因であったと思われる。上記判決においても，再雇用者が「定年退職後の再雇用社員であることは，労働契約法20条にいう『その他の事情』として考慮されることとなる事情に当たると解するのが相当である（長澤運輸事件最高裁判決）。」と説示しているのは，定年後再雇用者と無期雇用者の均衡待遇の問題において，実務上の１つの指針になると思われる。

⑤ 名古屋自動車学校事件

名古屋自動車学校事件（名古屋地判令和２.10.28労判1233号５頁）は，自動車学校を定年退職した後に，有期契約労働者として就労していた定年後再雇用者らが，無期契約労働者との間の労働条件の相違につき，旧労働契約法20条違反を主張した事案である。

上記判決は，まず基本給について，「原告（筆者註：当該労働者）らは，…正職員定年退職時と嘱託職員時でその職務内容及び変更範囲には相違がなく，原告らの正職員定年退職時の賃金は，賃金センサス上の平均賃金を下回る水準であった中で，原告らの嘱託職員時の基本給は，…正職員定年退職時の基本給を大きく下回るものとされており，…基本給に年功的性格があることから将来の増額に備えて金額が抑制される傾向にある若年正職

員の基本給をも下回るばかりか，賃金の総額が正職員定年退職時の労働条件を適用した場合の60％をやや上回るかそれ以下にとどまる帰結をもたらしているものであって，このような帰結は，労使自治が反映された結果でもない以上，嘱託職員の基本給が年功的性格を含まないこと，原告らが退職金を受給しており，要件を満たせば高年齢雇用継続基本給付金及び老齢厚生年金（比例報酬分）の支給を受けることができたといった事情を踏まえたとしても，労働者の生活保障の観点からも看過し難い水準に達している…。…原告らの正職員定年退職時と嘱託職員時の各基本給に係る金額という労働条件の相違は，労働者の生活保障という観点も踏まえ，嘱託職員時の基本給が正職員定年退職時の基本給の60％を下回る限度で，労働契約法20条にいう不合理と認められるものに当たると解するのが相当である。」と判示している。

　一方，家族手当が正職員には支給されつつ，定年後再雇用者には支給されていないことについては，家族手当を，福利厚生および生活保障の趣旨で支給しているものとした上で，「正職員は，嘱託職員と異なり，幅広い世代の者が存在し得るところ，そのような正職員について家族を扶養するための生活費を補助することには相応の理由があるということができる。他方，嘱託職員は，正職員として勤続した後に定年退職した者であり，老齢厚生年金の支給を受けることにもなる。これらの事情を総合考慮すると，正職員に対して家族手当を支給する一方，嘱託職員に対してこれを支給しないという労働条件の相違は，不合理であると評価することはでき…ない。」としている（以上の家族手当についての説示は，前掲長澤運輸判決とほぼ同様である）。

　最後に，賞与については，「月例賃金とは別に支給される一時金であり，労務の対価の後払，功労報償，生活費の補助，労働者の意欲向上等といった多様な趣旨を含み得るものであり，有期契約労働者と無期契約労働者の間で相違が生じていたとしても，これが労働契約法20条にいう不合理と認

められるものに当たるか否かについては慎重な検討が求められる。」と一般論を述べつつも，結局のところ，基本給について述べたところとほぼ同様の事情をあげつつ，同様の結論（当該労働者らの基本給を正職員定年退職時の60％の金額であるとして，各季の正職員の賞与の調整率を乗じた結果を下回る限度で不合理）を説示している。なお，この賞与の部分は，わざわざ，「賞与…については慎重な検討が求められる」としつつ，その説示の結論と理由が基本給についてのものとほぼ同様のものとなった所以は不明であるが，当該使用者の正職員の賞与の算定方法が，「正職員一律の調整率を各正職員の基本給に乗じ，さらに各正職員の勤務評定分を加算するというもの」であり，基本給による影響が大きいものであったことも影響したのではないか，と推測される（筆者の私見）。

　上記判決は，定年前後で職務の内容とその変更範囲に相違がないという点で，特に労働条件の相違が問題になりやすい事案であったが，基本給，賞与について，定年前の金額の60％を下回る部分という具体的な判断基準を示しつつ，不合理と認められる範囲を判示した点で実務的な指針となるものである。ただし，現在（2021（令和3）年8月時）では，いまだ第一審の判決であることには留意を要する（前掲の長澤運輸事件，メトロコマース事件（最判令和2.10.13労判1229号90頁），大阪医科薬科大学事件（最判令和2.10.13労判1229号77頁）等のように，同一労働同一賃金の案件は，当事者の主張内容にもよるが，同一の事件でも判断が分かれやすい傾向がある）。

　なお，上記判決は，定年前の「正職員定年退職時の賃金は，賃金センサス上の平均賃金を下回る水準であった」こと，「嘱託職員時の基本給は，…若年正職員の基本給をも下回る」ものであること等より，「労働者の生活保障の観点からも看過し難い水準に達している」ことをも理由としており，定年前の賃金水準によっては，「60％」という判断基準が変動することは当然に考えられる（むろん，賃金水準が高い場合ほど，定年後の賃金

水準の割合が定年前に比して低い率でも不合理ではないとされる傾向があるであろう）。現に，年間給与が高いであろう企業規模が大きい使用者ほど，60歳定年時における年間給与の減額の割合が大きくなっているのが社会的実情である（前述第2　2）。

5 定年到達前後における仕事内容の変遷の実情

前述4で紹介した裁判例のとおり，定年到達前の無期雇用と定年到達後の有期雇用との間の労働条件の相違が，パートタイム・有期雇用労働法8条（従前は旧労働契約法20条）にいう不合理に該当するか否かは，定年到達前後における仕事内容（業務の内容および当該業務に伴う責任の程度か

【図表3-3】継続雇用者の仕事内容（最多ケース）

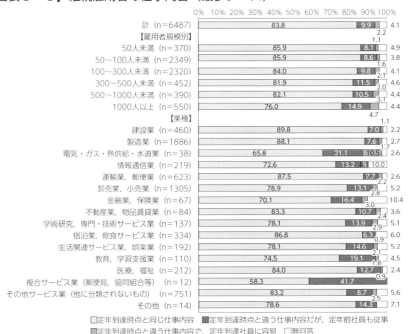

□定年到達時点と同じ仕事内容　■定年到達時点と違う仕事内容だが，定年前社員も従事
■定年到達時点と違う仕事内容で，定年到達社員に容易　□無回答

出典：JILPT「高年齢社員や有期契約社員の法改正後の活用状況に関する調査」（2014（平成26）年5月）

らなる職務，当該職務の内容および配置の変更の範囲）の相違，つまりは定年到達時にどのような変遷があったかにより相当の影響を受けることとなる。そこで，一応，現時点における社会的実情をみてみると，大要，【図表3－3】のとおりとなる。

　すなわち，企業規模により多少の違いはあるが，大多数の企業において（全体平均で83.8％），定年前後で仕事内容に変化のないことがみてとれる。なお，企業規模が大きくなればなるほど，仕事内容の変わる例が多くなっているが（50人未満の企業では9.2％，1,000人以上の企業では19.6％），これは，企業規模が大きければ，定年退職者に対して仕事内容を変更して与えるべき仕事を用意する余地が大きいということであろうから，逆説的に，小規模企業においては，定年退職時にいきなり仕事を変更することの難しさを表しているともいえる。

第7　定年後再雇用後における労働条件の引下げ

1　序

　前述第4では，無期雇用者について無期雇用が続いている時期における労働条件の低下の問題（就業規則の不利益変更）を，前述第5では，無期雇用者が定年を迎えた時の労働条件の低下の問題（定年退職後再雇用者に対して提示する労働条件）を扱ったが，実務では，定年後再雇用の後に労働条件を引き下げる必要がある場合もある（たとえば，定年退職までは年収500万円であったところ，定年退職後再雇用1年目は350万円とし，2年目において，経営状況や本人の実績に鑑み，年収300万円とする，といったような場合である）。

　このような場合，形式論理の上では，すでに当該労働者は有期雇用者となっていることにより，有期雇用者の労働条件を切り下げることの可否，方法といった問題に還元される。そこで，まずは，有期雇用者の労働条件の変更（引下げ）の問題一般論について検討し，その上で，定年後の継続雇用における有期雇用者の労働条件の変更（引下げ）の問題を検討することとする。

2　有期雇用者の労働条件の変更（引下げ）の問題（一般論）

⑴　有期雇用契約中の労働条件（契約条件）の変更

①　変更の可否，方法

　有期雇用者は，有期雇用契約の中に，その契約期間における賃金を含めた労働条件（契約条件）が規定されていることが一般である（ただし，具体的な金額までは規定せず，「別に定める契約社員就業規則に準ずる」などと規定されているケースもみられる）。契約期間中に，契約において規

定された賃金額を変更する（引き下げる）ことは原則として許されず，契約当事者間（使用者と当該有期雇用者）の合意によるか，もともと契約において労働条件（契約条件）の変更の事由として予定されていた事由が生じた場合（たとえば，有期雇用契約の中に，契約期間中の賃金変更につき規定している条項に該当する事由があるとか，有期雇用契約により引用されている契約社員就業規則中の労働条件変更の条項に該当する事由がある，といった場合）に限られると解される。無期雇用における就業規則の不利益変更による労働条件の不利益変更も，理論的には，無期雇用者の労働契約の一部となっている就業規則自体が，合意もしくは一定の合理的な理由により変更が予定されているものであり，かつ，それ以外の理由によっては不利益に変更することが予定されていない（労働契約法8条，10条）のであるから，有期雇用の場合でも，当事者間の合意によるか，もともと当該契約により予定されている事由に限られるのが原則であると解される。

　付言すれば，無期雇用者の解雇と，有期雇用者の契約期間途中の解雇（契約更新時の更新拒否ではなく）については，前者を規定する労働契約法16条が「解雇は，客観的に合理的な理由を欠き，社会通念上相当であると認められない場合は，…無効」としているのに対し，後者を規定する労働契約法17条は，「やむを得ない事由がある場合でなければ，その契約期間が満了するまでの間において，労働者を解雇することができない」としており，上述の文言からすれば，一般には，有期雇用者の契約期間途中の解雇は無期雇用者の解雇よりも厳格に解すべきとされている（菅野和夫『労働法［第12版］』（弘文堂，2019年）343頁）。これは，期間が限定された上での合意（上述の場合は雇用保障）は，無期間の合意よりも，契約当事者に対する拘束力は強くて然るべきという均衡論によるところであるが，労働条件（契約条件）の変更という労働条件（契約条件）の保障についての合意が問題になる場合も同様と解される。

② **裁判例**

　前述①の理を説示したものとしては，シーエーアイ事件（東京地判平成12.2.8労判787号58頁）が著名である。当該判決は，期間1年の雇用契約を締結した労働者について，就業規則を改定して賃金額を減少せしめた事案であるが，「被告会社（筆者註：使用者）が，財政状況を建て直して経営破綻を免れ，かつ，成果の上がった従業員についてその成果に応じた給与を支給することにより従業員の勤労意欲を高め，顧客の要求に即応した製品開発を実現できるよう賃金制度を成果主義に基づくものにすべく，就業規則及び賃金規則を変更する必要性があったことに基づくものと認められ…原告（筆者註：当該有期雇用者）を除く他の正社員全員が変更に同意している事実も認められるところ…本件においては，原告と被告会社は期間を一年とする本件雇用契約により，旧賃金規定の支給基準等にかかわらず，支払賃金額は月額○○○円，年俸額△△△円の確定額として合意をしているのであり，…被告会社使用者が賃金規則を変更したとして合意された賃金月額を契約期間の途中で一方的に引き下げることは，改定内容の合理性の有無にかかわらず許されない」と判示している。

(2)　有期雇用契約の契約更新時における労働条件（契約条件）の変更

①　変更の可否，方法

ア　有期雇用における労働契約法19条の法理

　前述(1)の場合と異なり，ここでは，有期雇用契約の期間が満了し，当該契約を更新する際に労働条件を変更する場合を検討する。事例としては，前述1でも取り上げたが，「今回終了する1年契約では1年の賃金総額は350万円だったが，更新する1年契約ではこれを300万円とする」というようなケースである。

　このような，いわば，有期雇用契約の更新時における労働条件（契約条件）の変更において，最初に検討されるのは，当該有期雇用契約が，

> a　反復更新により実質的に無期雇用契約と同視できる場合（労働契約法
> 　19条１号），
> b　契約更新につき合理的な期待が認められるに至っている場合（同法19
> 　条２号），

のいずれかに該当しないか，という問題である。これらは，つまるところ，労働契約法19条により，有期雇用契約の契約期間が終了した場合でも契約期間終了という事実だけでは雇用を終了できず，一定の事由がなければ，使用者からは当該有期雇用契約の更新を拒否できない，とされている場合である（労働者側からの更新拒否は自由である）。

　この労働契約法19条１号，２号の事由（前記ａ，ｂの事由）への該当性については，すでに裁判実務において膨大な裁判例があり，その解説には大部を要する。したがって，ここでは本書の目的（高齢者雇用に関する諸問題の検討）に鑑み，ごく簡単に触れることとする。

　実務では，有期雇用契約の更新手続をしていなかったり（自動更新としていたり），少なからず契約期間を徒過してから形式的に契約更新手続を行っていたりするような事案でなければ，反復更新により実質的に無期雇用契約と同視できる場合（労働契約法19条１号）に該当する場合はあまりなく，実際に問題になることが多いのは，契約更新につき合理的な期待が認められるに至っている場合（同法19条２号）への該当性である。この合理的期待の有無の判断は，通常，㋐業務の内容（恒常的，基幹的なものであれば合理的期待が肯定される方向に考慮される），㋑更新回数ないし通算期間（回数が多かったり，期間が長かったりするほど，合理的期待が肯定される方向となる），㋒同職場の他の有期雇用者の更新回数や通算期間の実情（これも，㋑と同様である），㋓採用時や更新時等の使用者の言辞（雇用継続の期待を持たせる使用者の言辞があれば，合理的期待が肯定さ

れる方向となる），といった諸要素を総合勘案して判断される。

　なお，上述の労働契約法19条のａ，ｂの基礎となった裁判例は，上記ａが東芝柳町工場事件（最判昭和49.7.22労判206号27頁）であり，上記ｂが日立メディコ事件（最判昭和61.12.4労判486号6頁）である（読者の方々には，興味があったらぜひ参照されたい）。

イ　労働契約法19条の法理による場合分け

　前述アの労働契約法19条1号，2号の事由（前述ａ，ｂの事由）が認められ，有期雇用契約の期間満了という理由だけでは使用者より当該有期雇用契約の更新を拒否できない場合には，当該有期雇用契約の更新の際にも，使用者は労働条件（契約条件）の変更は当然にはなし得ないということとなる。すなわち，この場合，労働者側に，従前の有期雇用契約の更新，いいかえると，従前の労働条件（契約条件）での雇用継続に対する一定の期待があるということになる。この場合については，後述ウで解説する。

　一方，労働契約法19条の1号，2号の事由（前述アのａ，ｂの事由）が認められない場合は，使用者としては有期雇用契約の期間満了という理由をもって当該有期雇用契約を更新しないことが可能であり，当該有期雇用者に対して，従前の有期雇用契約時よりも引き下げた労働条件（契約条件）の提示を行うことも自由となる（もし，有期雇用者側がそれに同意しなければ，使用者としては，有期雇用契約の更新そのものを行わないということになる）。

ウ　有期雇用者に契約更新の合理的期待が認められる場合の，労働条件（契約条件）変更

　有期雇用者に，労働契約法19条1号，2号の事由が認められる場合（実質的に無期雇用契約と同視できる場合，または，契約更新につき合理的な期待が認められる場合）には，有期雇用契約更新時においても，使用者と

しては労働条件（契約条件）を変更することは当然には許されない。とはいうものの，全く許されないというものではなく，裁判例は，一定の要件，事情の下で変更を求めている。

　まず，有期雇用者の契約更新時の労働条件の変更について，代表的裁判例として，日本ヒルトンホテル（本訴）事件（東京高判平成14.11.26労判843号20頁）があげられる。事案としては，経営難に陥ったホテルを経営する使用者が，勤務していた日々雇用（当時）の配膳人らに対し，賃金支給の対象とされていた休憩時間を賃金の対象としないこと，深夜労働取扱い時間の短縮（午後10時〜午前8時を午後10時〜午前5時へ変更），早朝手当支給対象の縮減（午前8時以前に就労する者を午前7時以前へ変更）等を内容とする労働条件の不利益変更を提示したが，配膳人の一部が労働条件変更を争う権利を留保しつつ承諾する旨を使用者側に通知したため，ホテル側が当該配膳人らを雇止め（使用者側からの契約更新拒否）としたという事案である。上記事件では，

---

⑦　当該配膳人らの有期労働契約（日々雇用労働契約）は実質的には期間の定めのない雇用関係となっていたか（なっていれば，ホテル側の雇止めは解雇と同視される）

⑦　当該配膳人ら側の雇用関係の継続の期待が法的保護に値するか（なっていれば，ホテル側は，単に期間満了および契約合意不一致を理由に雇止めをすることはできない）

⑦　雇止めについて社会通念上相当と認められる理由に関連して，労働条件の変更の合理性があるか

⑦　ホテル側の労働条件の変更の申入れについて，争う権利を留保したままの承諾（異議留保付き承諾）ができるか

が主要な争点となった。

　上記判決は，まず⑦について否定し，⑦については，14年間という長期

間にわたり日々雇用の関係を続けてきたこと等の理由により肯定し，使用者側の雇止めには社会通念上相当な理由が必要であるとした。そこで，上記⑨⑪が問題となるが，⑨については，ホテルの経営難の状況，使用者が当該配膳人らが所属する労働組合との間で交渉を重ねたこと，配膳人らの95％の者の同意があること等の事情により，労働条件変更の合理性を肯定し，⑪については，当該配膳人らの行った異議留保付きの承諾は，ホテル側の契約申込みを拒絶したものといわざるを得ないとしてその効力を否定した。その上で，結論として，ホテル側の雇止めは社会通念上相当と認められる理由があり有効とした。

　本書との関係では，上記判決の理論的な焦点は⑨にあり，実務的な問題点は⑪にある。すなわち，有期雇用者に労働契約法19条１号または２号の事由（上記判決では２号）が存する場合，有期雇用契約更新時に使用者より労働条件を不利益に変更するには，労働条件の変更の合理性が必要であり，その判断については，使用者側の経営上の必要性（上記判決でいえば，ホテルの経営難）や，労働者側との丁寧な協議の手続（上記判決でいえば，労働組合との交渉）といった事実関係が必要となる，ということである。その上で，有期雇用者としては，労働条件の不利益変更については争いつつ（異議を留保しつつ），いったんは不利益に変更された労働条件の下で就業する（契約更新に応じる）ということは許されない，というのが現在の裁判例といえる（ただし，最後の，労働者側による異議留保付き承諾については，立法論も含めて，これに肯定的な評価をする有力学説［菅野和夫『労働法［第12版］』（弘文堂，2019年）812頁］もあり，今後の解釈論の行方にも留意する必要がある）。

　有期雇用契約更新における労働条件変更の裁判例については，他にも，労働条件の変更に合意しない有期雇用者の雇止めについて肯定例と否定例とがある。肯定例を先に紹介すれば，河合塾（非常勤講師・出講契約）事件（福岡高判平成21.5.19労判989号39頁）は，契約期間１年の出講契約を

25年にわたり更新してきた予備校の非常勤講師に対し，契約更新の際に予備校側が出講のコマ数を週7コマから4コマに削減（収入もその分減少）することを申し入れたところ，非常勤講師が，従前のコマ数（7コマ）での出講を求めつつ，週4コマの出講契約を締結し合意に至らない点は司法解決するという提案（異議付き承諾）を行ったが，予備校側はこれに合意せず，当該非常勤講師との契約を更新しなかったという事案につき，同判決は，受講生数の減少が確実に見込まれること，当該非常勤講師に関する授業アンケートの結果が芳しくなかったこと等より，予備校側のコマ数削減は合理的理由があること，出講契約が締結されなかったのは当該非常勤講師自身の意思により決定されたものであることより（異議付き承諾の効力否定），本件出講契約の終了は予備校側の雇止めには当たらないこと等を説示して，当該非常勤講師の請求を棄却している。

　一方，否定例としては，ドコモ・サービス（雇止め）事件（東京地判平成22.3.30労判1010号51頁）は，使用者側が携帯電話使用契約解約後の料金回収業務を担当する嘱託社員ら（インセンティブの支給あり）に対し，インセンティブを廃止し，解約後の料金回収に特化しない社員区分に移行することを申し入れたところ，当該嘱託社員が移行に合意しない旨回答したため，使用者側が当該嘱託社員を雇止めした事案である。同判決は，それまでの契約更新回数等により当該雇止めには解雇権濫用法理の類推適用があることを前提とした上で，インセンティブ廃止には回収コスト（嘱託社員の人件費削減）の目的もあったといえるから，それへの補償措置には相当高度の合理性が要求されるところ，使用者側の行った補償措置は，インセンティブ支給額が年々減少するという見通しに基づく当該嘱託社員らの将来の年収試算をも下回り，当期純利益が10億円を超えている会社の財務状況において当該嘱託社員らがこれに納得しがたいのはやむを得ない等の理由により，当該雇止めの効力を否定している。

3 定年後再雇用者の有期雇用契約更新時における労働条件引下げ（各論）

　わが国においては，定年後再雇用の多くは，定年までを無期雇用者として過ごした後，定年後は高年法9条の継続雇用措置に基づく有期雇用契約により雇用されている。そこで，いったん，有期雇用者として定年後再雇用した後，使用者側の事情（たとえば経営状況の悪化，当人のパフォーマンス悪化）により，契約更新の際に労働条件（契約条件）を不利益変更することが企図されることがある。

　この場合でも，法形式的には，有期雇用契約者の契約更新の際の労働条件（契約条件）の変更であるので，前述2(2)の一般論に沿って検討することとなる。

　そこで，まず第一に，当該再雇用者に，労働契約法19条1号，2号の事由が認められるか否かを検討することとなるが（前述2(2)①ア・イ），高年法規定の継続雇用として定年後に再雇用された有期雇用者の場合（多くの使用者では60歳から65歳までの雇用としている），現在の高年法では，原則として65歳までの継続雇用が保障されているので，当該有期雇用者の側には65歳までの継続雇用について，合理的期待が認められることが原則となるであろう。ただし，例外として労使協定により一定年齢以上の者について継続雇用される対象者の基準を設けることが認められている場合があり，その場合には，当該一定年齢以上の者においては，合理的期待が認められないこととなるが，それらの者については，労使協定上の対象者基準に該当するか否かで，継続雇用の合理的期待の有無が判断されることとなろう。

　以上の理を明らかにした裁判例としては，エフプロダクト（本訴）事件（京都地判平成22.11.26労判1022号35頁）があり，会社が高年齢者雇用安定法に基づき60歳の定年後も一定年齢（高年法9条2項に基づく労使協定の

124

定める年齢）まで，一定の要件（意欲，健康，出勤率等）を満たせば１年ごとに雇用契約を更新する旨を就業規則に定めている場合には，定年後の再雇用者には当該年齢に達するまで雇用が継続されると期待する合理的な理由があり，その間の会社からの契約更新拒否（雇止め）には，解雇権濫用法理の類推適用があるとしている。

　そこで，定年後の再雇用者の場合，原則として労働契約法19条２号規定の契約更新への合理的期待が認められるという解釈に立てば，前述２(2)①ウ掲載のとおり，使用者が提案している当該労働条件（契約条件）の変更に合理性があるか否かが問題となり，その合理性の有無の判断については，使用者側の経営上の必要性，労働者側の不利益の程度，労働者側との丁寧な協議の手続，場合によっては同様の状況の有期雇用者の意向（不利益変更に同意している者の多寡）等が判断要素となると考えられる（この点で，労働契約法10条所定の，無期雇用者についての就業規則の不利益変更の判断に類似すると思われる）。

　なお，以下は現時点での私見となるが，前述**第５　２(2)①**で紹介した，愛知ミタカ運輸事件（大阪高判平成22.9.14労判1144号74頁）においては，60歳で定年退職の後，有期雇用された労働者が，正社員当時の給与と比較して54.6％の賃金額となった事案につき，高年齢者雇用安定法の趣旨を没却ないしは潜脱するほどの低額であるともいうことはできない等と説示し，結論として合法としていることからすれば，定年前の賃金の６割程度までの不利益変更が認められる見込みは一定程度存するとは思われる。しかし，たとえば定年後再雇用の最初から定年前の６割の賃金で有期雇用契約を締結する場合と，定年後再雇用の時点では定年前の８割の賃金で有期雇用契約を締結してから，１年経過後の１回目の有期雇用契約の更新時に６割へと変更する提案をした場合とでは，たどり着いた結果は，同じ「６割」であったとしても必ずしも法的有効性において同一になるとは思われない。というのは，定年後再雇用時に賃金を設定する場合には，高年法の趣旨に

反しない範囲で労働条件の設定をなし得ると解される一方で，定年後再雇用時には「8割」と設定しつつ，契約更新時に「6割」に変更する場合には，法形式的に考えれば，いったん締結され，その更新には合理的期待が認められる以上（労働契約法19条2号，前掲エフプロダクト（本訴）事件［京都地判平成22.11.26労判1022号35頁］），その変更には，労働条件の変更の合理性が必要となる（前掲日本ヒルトンホテル（本訴）事件［東京高判平成14.11.26労判843号20頁］）。もっとも，その変更の合理性の判断において，定年後再雇用契約に基づく有期雇用者であることは，判断要素として斟酌されることとなろう（すなわち，通常の有期雇用契約の更新の際の労働条件の変更よりは，合理性の判断が緩和されると思われる）。

第8　入社当初より有期雇用であった者で60歳以上の労働者に対し，労働条件を引き下げる場合

1　序

　60歳以上の労働者の中には，無期雇用を経ることなく，当初より有期雇用者として雇用されてきている者も存する。そのような者に対する労働条件の不利益変更も実務上では見られるところである。しかし，60歳以上の有期雇用者の労働条件の変更については，それを目途として特に法令等が設けられているところではなく，前述第7　2「有期雇用者の労働条件の変更（引下げ）の問題（一般論）」で述べたところが妥当する。

2　有期雇用契約期間中の労働条件の変更

　有期雇用契約期間中の労働条件（契約条件）の変更は，原則として当該労働者の個別同意が必要であること（前掲シーエーアイ事件［東京地判平成12.2.8労判787号58頁］）は，前述第7　2(1)のとおりである。

3　有期雇用契約の更新の際における労働条件の変更

　有期雇用契約の更新の際における労働条件の変更に，労働契約法19条1号，2号に所定の事由（反復更新により実質的に無期雇用契約と同視できる場合（1号）または契約更新につき合理的な期待が認められる場合（2号））が認められないような場合は，特に問題なく労働条件の変更が可能であり，換言すれば，有期雇用者の側が労働条件の変更に同意しない場合は，有期雇用契約の更新自体を行わないこととなることは，前述第7　2(2)①イのとおりである。

　他方，労働契約法19条1号，2号所定の事由が認められるような場合は，問題となっている労働条件の変更に合理性があるかによって，労働条件の

変更の可否（実務上の措置としては，労働条件の変更に同意しない有期雇
用者の雇止めの可否）が判断されるとともに，有期雇用者の側は，労働条
件の変更の申入れについて争う権利を留保したままで契約更新を承諾する
こと（異議留保付き承諾）ができない（以上につき，前掲日本ヒルトンホ
テル（本訴）事件［東京高判平成14.11.26労判843号20頁］等）ことは，前
述**第7　2⑵①ウ**のとおりである。

| 第9 | 定年延長および定年後再雇用制度に伴う退職金制度の改変 |

1 序

　わが国の無期雇用者に対する定年退職についての法規制は，高年法改正により，年々，高齢化してきている。すなわち，昭和20年代より長らく55歳定年が社会的趨勢であったが，1994（平成6）年に，60歳を下回る定年が禁止され（1998（平成10）年施行），さらには，2004（平成16）年には，60歳定年制はそのままに，65歳までの雇用を，定年の廃止，定年延長，65歳までの継続雇用措置のいずれかによって確保すべきことが義務化され，2020（令和2）年3月には，70歳までの雇用努力義務が制定された（これまでの趨勢からして，遠からず，70歳までの雇用確保が義務化されることは確実であろう）。

　このように少子高齢化の進行に伴い，使用者が雇用確保を求められる従業員の年齢は徐々に高齢化しているが，使用者としては，当初より，65歳，さらには70歳までの雇用を前提としてその人事制度（特に賃金カーブ）を設定しているわけではないため，雇用確保が求められる年齢が高齢化すれば，人件費の増大は避けられない。かといって，わが国の厳格な解雇法制下においては（労働契約法16条，17条），上記の人件費増に伴う人員調整も困難である。したがって，多くの使用者において，定年延長および雇用確保措置の実施にあたり，就業規則の不利益変更を行うことが少なくないのであるが（前述第7），その一態様として，退職金基準を引き下げるといった事例が実務で見られることがある。

2 定年延長または定年後再雇用するか否かにより，退職金の水準を変える（定年延長も定年後再雇用もしない者の退職金を，定年延長または定年後再雇用する者よりも高く設定する）という施策の可否

　この点について考えるに，まず，定年延長と賃金について問題となった裁判例として，本書第2章第2　2(2)②ウにて前述したNTT西日本（高齢者雇用・第1）事件（大阪高判平成21.11.27労判1004号112頁）は，労働者の選択により，65歳まで契約社員として雇用されるが所定内給与が20〜30％低下するか（繰延型），給与は低下しないが60歳を超えた再雇用はされないか（満了型）のいずれかを選択する制度について，高年法9条の趣旨に反することなく合法としている。したがって，定年延長および定年後再雇用をしない者の退職金を高く設定すること自体は（定年延長または定年後再雇用の途も選択できるということになっているのであれば）法的に可能と思われる。

3 既存の退職金水準につき，定年延長または定年後再雇用する場合にはその退職金水準を引き下げるという施策の可否

　この場合は，前述第7で述べたように，労働条件の不利益変更の問題となる。ここでは簡単に結論だけを述べると，

　㋐　個々の労働者の合意を得る（ただし，その前提として，総論・一般的な賃金支給基準（退職金算定式等）だけではなく，必要に応じて，各論・具体的な不利益に事例の説明を行う等，当該労働者の真意に基づいたものと認められるような合意が重要である〜前掲山梨県民信用組合事件（最判平成28.2.19労判1136号6頁））

　㋑　労働契約法10条の要件を満たすような，合理性のある就業規則の不利益変更を行う（すなわち，労働契約法10条記載の諸要素（a労働者の受ける不利益の程度，b労働条件の変更の必要性，c変更後の就業規則の

内容の相当性，ｄ労働組合等との交渉の状況，ｅその他の就業規則の変更に係る事情）に該当する諸事実・事情を取り上げつつ，その軽重を評価することで合理性の有無を決定するということとなる。その具体的な当てはめ，裁判例については，前述**第7** **2**(2)①**ウ**参照)

のいずれかを満たすことが必要となる。

第4章

高齢者個々人に対する問題

第1 概 要

1 序

　労働契約上，「使用者は，労働契約に伴い，労働者がその生命，身体等の安全を確保しつつ労働することができるよう，必要な配慮をする」義務を負っている（労働契約法5条）。この使用者の義務は，安全配慮義務と呼ばれているものであるが，当然ながら，高齢者も労働者である以上，使用者による安全配慮義務の対象になり得る。さらにいえば，高齢者になれば，その加齢により，健康を害する危険が若年・中堅の者よりも相当に増加するのは社会的に公知のことであるため，使用者としては，特に安全配慮義務の履行につき注意を要することとなる。

【図表4-1】病気やケガなどの自覚症状のある者の割合（千人当たり）

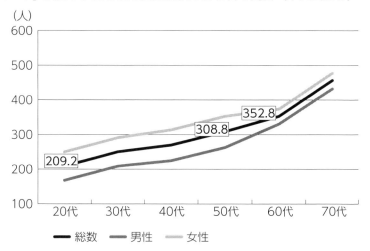

出典：厚生労働省「国民生活基礎調査（2016年）」，「エルダー」2020年8月号25頁

　また，高齢者は，若年・中堅の者と比較して，その体力差，健康状態の差につき，個人による相違が大きいことも社会的に公知の事実であろう。すなわち，55歳から69歳をとおして，おおむね，健康状態が良いとする者が55％程度，良くないとする者が10～13％といった割合となっていることからみえるように，すでに全体の1割以上は健康状態が悪いことを自覚している旨を回答するに至っていると同時に，なお，過半数は健康状態が良いと自覚・回答しており，端的にいって，その健康状態，さらには体力状態については，まさに「人それぞれ」となっていることがうかがわれる。

【図表4－2】主観的な健康状態（択一回答）（年齢別）

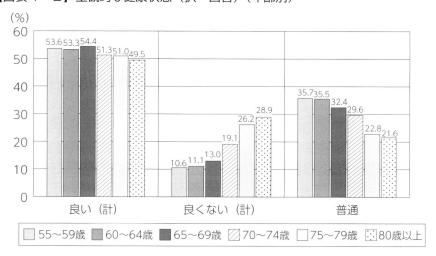

(注1)「良い（計）」は「良い」と「まあ良い」と回答した者の計
(注2)「良くない（計）」は「あまり良くない」と「良くない」と回答した者の計
出典：内閣府「平成30年高齢社会白書」

　さらに，高齢者は，長年にわたって就業してきた者であって，その中には，すでに相当の勤続疲労を感じている者もあり，また，残念ながら（それこそ「人によるが」），体力，記憶力，活力，さらには意欲の点で壮年期よりもパフォーマンスの低下が大きい者も存することは否定できない。壮

年期の就業者に比較して，上記のごとくパフォーマンスの相違が大きくなりがちな高齢者の活用については，壮年期の就業者とは違った配慮が必要であることはいうまでもない。

　また，人事・労務関係の実務に携わっているとみかけることが少なくない事象として，定年後再雇用される高齢者は，多くの場合，当該使用者において長期間のキャリアを積んできた者であるため，当該使用者内には，定年後再雇用された高齢者の後輩，もっといえばかつては当該高齢者の部下として働いた者が，相応の職位・役職において就業していることも多く，高齢者としてはかつての後輩・部下の下で就業することを余儀なくされる，というものがある。

　そうした高齢者も，多くの場合，再雇用後の現実を受け入れ，職務に従事するのであるが，中には，そうした現実を受け入れることができず，職場組織内において問題を生じせしめる者も存することは否定できない。

　以上，概観するだけでも，高齢者の就業については，高齢者独自の問題点が少なくないため，使用者としては，それに対して適切に対処することが必要となる。

2　問題の分類

　前述1のように，高齢者には，壮年期の就業者とは異なった人事・労務上の問題点が生ずるのであるが，その問題点は以下のとおり大別することとする。

⑦　高齢者の健康状態の問題
④　高齢者のパフォーマンス低下（意欲の低下を含む）の問題
⑤　高齢者と壮年者との間の人間関係の問題
⑤　高齢者個々人の適切な処遇のための制度構築

　そこで，後述第2以下において，上述㋐〜㋑の分類に沿って，各個に述べていくこととする。

第2 高齢者の健康状態の問題

1 無期雇用者が休職期間中に定年（60歳）に達した場合

(1) 序

　多くの使用者では，無期雇用者に対しては，就業規則で規定することにより私傷病休職制度を採用している。これは，私傷病により就業できない場合においても，就業不能（労務提供不能）を理由として直ちに解雇とするのではなく，就業規則で定められた一定の期間療養させるために就業させずに在籍させるという制度であり，その制度目的は解雇猶予措置である。

　わが国では現在のところ，定年制を設ける会社のほとんどが60歳定年制を採用の上，高年法9条の継続雇用制度を設けているが，その60歳定年が近づいた労働者の中には，私傷病を患い就業が不能となり私傷病休職により療養している最中に定年退職日を迎える者もいる。この場合，当該労働者は定年退職となるのか，休職のまま定年後も高年法上の継続雇用措置により雇用が継続されるのか，問題となる。

(2) 対 応

　現在の法制では，60歳定年制の上で継続雇用制を設けている場合，「心身の故障のため業務に堪えられないと認められること，勤務状況が著しく不良で引き続き従業員としての職責を果たし得ないこと等就業規則に定める解雇事由または退職事由（年齢に係るものを除く。以下同じ）に該当する場合には，継続雇用しないことができる」（高年齢者雇用確保措置の実施及び運用に関する指針（平成24年11月9日厚生労働省告示560号））とされており，換言すれば，解雇事由または退職事由が存しない場合は，継続雇用をしなければならないと解される。したがって，上述の問題のケース

では，定年退職日までに解雇事由または退職事由が成立していない以上
（就業規則に規定する私傷病休職期間満了日が経過していないと解される
ため），使用者としては，継続雇用を拒否できないこととなる。

　なお，私傷病休職のまま継続雇用される場合，再雇用の労働条件（契約
条件）が問題となるが，現実的には，私傷病休職の期間は就業していない
ことにより無給となるので，争われることは少ない。もっとも，当該使用
者の就業規則において，私傷病休職期間中の賃金の全部または一部を支給
することとなっていた場合（有給としていた場合），定年退職前の労働条
件がそのまま維持されるか否かが問題となり得る。これは私見であるが，
私傷病休職者が継続雇用される場合であっても，継続雇用における労働条
件（契約条件）の決定方法の原則からすれば，継続雇用による定年後再雇
用の労働条件（契約条件）は当事者間の合意によるのであって（高年法
Q&AのＱ１－４，Ｑ１－９），これを私傷病休職者であるからといって別
に解する理由はなく，結局は，使用者と当該労働者との協議，合意により
変更される（合意が成立しない場合は，定年後再雇用の雇用契約は不成立
となる）ということになろう。ただし，現実的には，私傷病休職者との定
年後再雇用の契約条件を協議することは，同人の病状を悪化させないよう
にしながら行わなければならず，かなりの配慮が求められることとはなろ
う。

2 高齢者の持病が悪化した場合の措置

(1) 序

　健康状態についての不安が，加齢とともに上昇することは，第１　１で
前述したとおりである（【図表４－１】【図表４－２】参照）。より具体的
にいえば，病気やケガなどの自覚症状のある者の割合は，20代では約
20.9％であるのに対し，50代では約30.8％，60代では約35.2％と上昇する。
わが国は，世界に例を見ない高齢化社会の進展により，高齢者の活用とそ

の前提としての高齢者継続雇用（現在は65歳までの義務化，70歳までの努力義務化）を進めており，この流れは今後さらに加速していくことが予想されるため，実務上，加齢による健康状態の悪化への対応が肝要となる。

(2)　対　応

　まず，労働者の健康悪化の類型としてよくみられるものとしては，①筋骨格系疾患，②慢性疾患（生活習慣病等），③メンタルヘルス等があげられるので，以下，順に簡述する。

①　筋骨格系疾患の場合

　すでに健康上の障害（痛み等）が発症している状況で，その原因が整形外科的要因（変形性関節症等）である場合には，医療機関の診療が不可避であり，本人もさして異を唱えることは少ない。やや難しいのが，原因が内科的疾患の可能性がある状況において，当人が自己判断により医療機関の診療を不要としている場合である。この場合，使用者としては，専門的な医療機関への受診を当該社員に要請することが最善であるが，当該社員があくまでこれに応じない場合でも，当該診療（受診）命令が，病治癒という目的に照らして合理的で相当な内容のものであれば，労働者がこれを受診の自由や医師選択の自由を理由に拒否することは許されない（拒否した場合は懲戒処分の対象となる）とされている（電電公社帯広局事件［最判昭和61.3.13労判470号6頁]）。なお，ここで述べる，健康障害のある者，ないしはそのおそれがある者への受診命令の可否についての詳細は，3(2)にて後述する。

②　慢性疾患（生活習慣病等）

　慢性疾患については，日常の体調管理（血圧測定等）が重要であるので，当該労働者の主治医と使用者の職場との連携，情報共有が重要となる。こ

の場合，慢性疾患が重篤化し，明らかに就業に支障があるように見受けられる場合には，前述①の受診要請もしくは受診命令を検討しなければならない。

　なお，慢性疾患があるからといって，必要以上に就業を回避させることは来たるべき超高齢化社会では望ましいことではなく，治療と就労の両立が求められるところである。その両立支援については，厚生労働省の研究班よりガイドブック（産業医・産業保険スタッフ向け，主治医向け，企業経営者・人事担当者向けの各々が存する）も公開されているので，参照されたい。

③　メンタルヘルスや不眠症による活動の低下

　高齢者より少し範囲を広げた中高年の労働者のメンタルヘルスの特徴として，「役割や地位の変化による悩み」や，「相談相手がみつけにくい」という要因があげられている。これは，定年後再雇用の場合に限らず，定年前の役職定年制度の広がりにより，中高年労働者が第一線を退きつつ就業するケースが増加傾向にあること，職場内で自らが年齢的に上の立場になってしまうことで，自分の内心を吐露して話を聞いてもらえる上司や先輩が減少していくこと，といったことを理由として，当然に生ずる事態ではある。また，メンタルヘルスとは若干異なるものの，加齢とともに過度に睡眠時間が短くなることで活力が低下する場合もみられる。

　これらの対策としては，職場における身体的活動やコミュニケーションが問題の予防となることが期待されている。また，職場内外での相談窓口の確保および周知（社内カウンセラー）も求められよう。

③ 高齢者の健康状態の判断に迷う場合の措置～使用者から労働者に対する受診命令の可否

(1) 序

　前述第1のように，高齢者はそうでない者に比して，健康上の問題を抱えることが増えるのは不可避であるが，個人により問題の有無・大小は異なるところが大きいのも事実である。それだけに，実務においては，ある高齢者の勤務状況に問題がある場合でも（たとえば欠勤や遅刻・早退が増えてくる，注意力不足によるミスが多くなる，疲れや痛みを主訴して業務を断ることが増える等々），それが，意欲やパフォーマンスの低下によるものであるのか，健康状態の悪化によるものであるのか，についてにわかには判断がつかない場合も多い（これは，何も高齢者に限った問題ではないが，高齢者においては，より多くの確率で生ずる問題であるとも思われる）。そこで，使用者としては，高齢者の就業状況に問題がある場合，その原因が健康状態の問題にあるのか，そうであるなら，どのような疾病・傷病によるものであり，どのような安全配慮をなすべきであるのか，場合によっては，出勤に及ばず休養して治療・療養に専念することを命じるべきなのか，といった判断を適切に行うために，健康状態の判断を専門的に行う者，すなわち医療機関の判断（つまりは専門医の受診）が必要となることがある。

(2) 裁判例による検討

　前述(1)のとおり，使用者としては，労働者に専門医を受診させる必要がある場合がある。労働者に受診を要請した場合に，労働者がこれに任意に応じてくれれば問題はないが，実務においては，労働者が任意に応じてくれないこともあり，その場合，使用者が当該労働者に対して，命令をもって受診させることができるか否かが問題となる（この場合の労働者側の主

張としては，個人のプライバシーや医師選択の自由等が考えられる）。

　この点につき，最高裁は，まず，京セラ（旧サイバネット工業・行政）事件（最判昭和63.9.8労判530号13頁）において，疾病に罹患した労働者が受診した医師が職業病であると診断した際に，使用者が別の医師を指定して，当該労働者に受診するよう指示した事案につき，原審判決（東京高判昭和61.11.13労判487号66頁）の，「旧会社の就業規則等に指定医受診に関する定めのないことは控訴人（筆者註：旧会社を合併した会社）の認めるところである。しかしながら，旧会社としては，従業員たる片山（筆者註：当該労働者）の疾病が業務に起因するものであるか否かは同人の以後の処遇に直接に影響するなど極めて重要な関心事であり，しかも，片山が当初提出した診断書を作成した原田医師から，片山の疾病は業務に起因するものではないとの説明があったりなどした…かような事情がある場合に旧会社が片山に対し改めて専門医の診断を受けるように求めることは，労使間における信義則ないし公平の観念に照らし合理的かつ相当の理由のある措置であるから，就業規則等にその定めがないとしても指定医の受診を指示することができ，片山はこれに応ずる義務がある」との説示を是認している。また，これに続き，受診命令では比較的著名な裁判例である電電公社帯広局事件（最判昭和61.3.13労判470号6頁）において，「職員は，…衛生管理者の指示に従うほか，所属長，医師及び健康管理に従事する者の指示に従い，健康の回復につとめなければならない」との就業規則，健康管理規程の規定を根拠に，疾病罹患後，長期間が経過している労働者に対する，会社が指定した医療機関での精密検査を受診する旨の業務命令を有効とし，それに従わない当該労働者に対する懲戒処分（戒告処分）を有効としている。

　以上から考察するに，使用者の側に，当該労働者の健康状態や治療の状況を確認するにつき合理的な理由（労働者の健康状況が不明である，就業可能か否かの判断がつかない，長期間罹患しているにもかかわらず回復の

兆しがない等）がある場合には，使用者の側で指定する医師の診断を命じること（受診命令）が可能ということとなろう。ただし，換言すれば，使用者からの受診命令は何らの理由や根拠がない状況で出せるものではない（これは，受診命令に限らず，業務命令一般においても同様である）。なお，実務においては，使用者に産業医が存在する場合には，まずは産業医面談，できれば診断（産業医が，当該労働者の罹患が考えられる疾病につき専門外ではない場合）を命じ，その結果次第で，さらに，会社もしくは産業医の指定する医師の診断を命じるのがスムーズな手順であろう。

　最後に，一応付言すれば，上述の京セラ（旧サイバネット工業・行政）事件判決，電電公社帯広局事件判決は，ともに，使用者の受診命令の効力を肯定する一方で，当該労働者が自らの選択による医師を受診することができることも説示しており，当該労働者が自由に，使用者が受診を命じた医師以外の診断を受けることまでを使用者が制約できるという趣旨ではない。

第3　高齢者のパフォーマンス低下（意欲の低下を含む）の問題

1　仕事に意欲のない高齢者

(1)　序

　高齢者の人事管理上の問題のうち，健康問題と並んでよくみられるものとして，高齢者のモチベーションの低下がある。その中には，定年（60歳）までは真摯に業務に取り組んでいたにもかかわらず，継続雇用（定年後再雇用）となった時より，自分からは何も進んで動かなくなったり，勤務時間を守らなくなったりする（多いのは遅刻）といった勤務状況となる例が散見される。この問題の対応としては，実際に意欲が低下した労働者個々人に対する対応と，そもそもそのような労働者を生ずる確率を減少させる（予防する）という対応の両面より考える必要がある。

(2)　対　応

①　実際に意欲が低下した労働者個々人に対する対応

　意欲のない労働者に対して使用者が行うべき措置は，対象が労働者（使用者の指揮命令下に労務を提供して賃金を受給する者）である以上，高齢者であろうとなかろうと，本質的には異なるところはない。すなわち，意欲不足により使用者が期待し命じた業務に不履行があれば，注意・指導を行うことで改善を促し（むろん，使用者の命じた業務が到底当該労働者には不適格なものであるといった非合理なものであってはならない），並行して，それが明らかな故意または過失（不注意）による不履行であれば軽度の懲戒処分を行うことで本人の反省を促すことから始めることとなる。これにより当人の意欲不足が改善されれば問題はなくなるが，仮に改善されることがなかった場合は，改善を促すべく，繰り返し注意・指導を行い

（この場合，書面や社内メール等，形に残る方法で行うことが，当人への改善すべき内容を明瞭にすること，注意・指導を行っていたことを将来において立証すること，の両面より適切である），それでもなお，改善がみられず，改善の余地がないと認めざるを得ないような場合には，最終的には，解雇もしくは使用者からの有期雇用契約の更新拒否（定年後の継続雇用が有期雇用契約で行われていた場合）といった措置をとらざるを得ない。

ただし，上記の解雇，有期雇用契約の更新拒否については，労働契約法16条，19条により，客観的に合理的な理由があり，社会通念上相当であると認められることが必要である。

なお，高齢者固有の問題として，前述第１ １のとおり，高齢者は健康上の障害を有することが壮年者よりも多いことが否定できないことにより，意欲の低下によるパフォーマンスの低下とみえる現象が，実情は，健康上の障害によるパフォーマンスの低下である，というケースもみられる（その中では，特に，メンタルヘルス上の原因によることが多いようである）。したがって，健康上の障害の兆候が若干でもみられるような場合は，前述第２ ３で述べた受診命令等をとおして，当該労働者の健康状態を把握し，問題となるパフォーマンス低下の原因が健康上の障害である場合には，当該労働者の職務上の負担の軽減，状況によっては療養に専念する旨を命じる等の措置を検討することとなる。

②　意欲の低下する高齢者の生ずる確率を減少させる（予防する）対応

高齢者の意欲低下は，実務においては少なからずみられる現象であるが，それには，高齢者に対する人事措置，制度にも原因があると考えられている。以下，詳述する。

高齢者に至る前の現役社員は，使用者によって中核的な業務を担うことが予定されており，その役割は明確化され，仕事の成果に応じた処遇が決められているのが一般である。一方，高齢者は，使用者にもよるが，人事

評価がない，貢献度に連動した賃金の変動が現役社員ほどではない，役割
の重要性が低下している，といった諸事情の全部または一部がみられるこ
とが多く，そのために，高齢者のモチベーションが低くなるケースが散見
される。したがって，こうした事象への対策としては，高齢者と現役労働
者（定年前労働者）の人事制度をできるだけ近づけるという方法がある
（筆者が実見している例で，定年後再雇用者については年度ごとの昇給は
行わないものの，基本給は定年前の水準を維持し賞与査定も行うという例
がある）。しかし，このような方策をそのままに実行する場合，多くの使
用者の人事制度が60歳定年制を前提に設計されており，かつ「およそ停年
制は，一般に，老年労働者にあつては当該業種又は職種に要求される労働
の適格性が逓減するにかかわらず，給与が却つて逓増するところから，人
事の刷新・経営の改善等，企業の組織および運営の適正化のために行なわ
れるものである」ることより（秋北バス事件［最判昭和43.12.25労判71号14
頁］，特定の業種にとっては（殊に加齢により労働の適格性の低下が早期
に，あるいは急速に到来する業種ほど），当該使用者に人件費上過大な負
担を課するものになりかねない。使用者ごとに，その業種の特性および人
件費の適正な配分を考慮した上で，上記方策の程度・態様を検討し，実施
するのが現実的なところと思われる。

2　必要な新スキルを身につけようとしない高齢者

(1)　序

　わが国の高齢化社会の急激な進展により，どの企業においても，全従業
員における高齢者の比率が急速に上昇しており，この流れは今後もさらに
進むことが予想される。そのため，殊に定年後再雇用となった高齢者に対
して，定年前の業務を続けさせられる場合ばかりではなくなっているのが
実情である。また，仮に，定年前の業務を続けさせることができる場合で
あっても，昨今の急速な技術の進歩により，同じ仕事でもやり方がすぐに

変化してしまう時代となってきている（たとえば，同じ事務業務であって
も，パソコンやソフトの仕様・操作方法等，常により便利なものが日々開
発され続けているというのが現状である）。そのため，高齢者であっても，
大なり小なり，（定年前の業務とは異なった業務に従事する場合はもちろ
ん，定年前の業務を続ける場合にも）新しいスキルを身につけつつ業務を
遂行していく必要がある。しかし高齢者の中には，そうした新しいスキル
等を覚える，習得するといったことが加齢により難しい，あるいは前述1
でも触れたように，そもそもそうした意欲，習得する意識自体が薄い，と
いった者がみられることも，残念ながら事実である。今後，ますます，雇
用を義務づけられる高齢者の幅が広くなる使用者としては，こうした事情
に対しても対応が必要となる。

(2) 対 応

　まず，新しいスキルを習得することができない，あるいはその意欲がな
いという個々の労働者への個別の対応としては，前述1(2)①とほぼ同様で
あって，新しいスキルを学ばないことについての注意・指導を丁寧に行う
こと，適宜，事案によっては懲戒処分（当初は軽度なものから入ることが
ほとんどであろう）を行うこと，繰り返しの注意・指導を行ったにもかか
わらず改善がみられないような場合には，解雇または有期雇用契約の更新
拒否を検討することとなる（労働契約法16条，19条等の要件を充足するこ
との検討が必要である）。もっとも，高齢者の健康上の障害が理由で（特
にメンタルヘルス上の問題），新しいスキルを習得することができない状
態に至っている可能性を考慮せねばならないこと，その場合には，受診命
令の検討，職務軽減，場合によっては療養命令の検討が必要なことも，前
述1(2)①のとおりである。

　次に，そうした新しいスキルを習得することのできない高齢者を減少さ
せる（予防する）方策であるが，今後，現在以上に高齢者の使用者内に占

める比率が上昇していくことを考えれば，高齢になった時点，殊に定年後再雇用の後に自らに求められる役割が，必ずしも管理職ひいては役員を目指すといったキャリアアップ的なものではなく，むしろ管理職を離れ一般社員等のキャリアを歩むという道もあること（いわば，定年前，役職定年前の現役労働者のサポート役という役割に回るということ）を理解してもらうためのキャリア教育を，それこそ，定年退職の5〜10年前より行っておくことが妥当である。また，そうしたキャリア教育のみならず，実際に高齢者になった際に，管理職を離れ一般社員等として従事するライン業務に必要な知識や能力などを，現役時代（定年前，役職定年前の時代）より習得しておくことが望ましく，使用者としても，そのための教育訓練体制を整備しておく必要性が高まってくると思われる。たとえば，業務スキルの習得・向上に関する自己啓発支援についても，受講対象者として若手や中堅の社員を想定している場合には，管理職や定年に近い労働者にもこれに参加する途を開くということが考えられる。

第4 高齢者の人間関係の問題

1 序

　高齢者の中には，壮年期は○○工場長，△△部長といった第一線の高位の役職者であった者もいるが，その中には，役職定年や定年後再雇用で以前の役職を退いた後も，役職に就いていた時代の意識が抜けきらない者も稀にみられる（実のところ，筆者の実見では，それなりの役職に就いていた者であるので，意識を変えることのできる者が大多数なのではあるが）。こうした，役職に就いていた時代の意識が抜けきらない者（ここでは，以下「元役職者」という）が職場に存すると，現在役職に就いている者との間で，いわゆる「年下上司・年上部下」という関係となり，しかもこの場合は，「部下」が以前には「上司」であった者だけに，人間関係が相当に複雑となる。また，元役職者が，現在の役職者を差し置いて，自ら直接に現在の役職者の部下に指示を出す（さらには，現在の役職者にだめ出しをする）などといった事例もなくはなく，指揮命令系統に混乱を来す場合も存する。

2 対 応

　前述1のような事態に対応するにも，やはり，実際に職場の人間関係を複雑にしたり，ひいては指揮命令系統に混乱を来したりする元役職者個人への対応と，そうした元役職者を生じることを減少させる（予防する）対応の2つに分けて，対応を考えるのが適切である。

　まず，実際に問題を起こしている元役職者個人への対応としては，基本的には，業務への意欲がない高齢者，必要なスキルを身につけない高齢者への対応と同様であり，最初は，注意・指導により改善を促し（繰り返し

になる場合には書面やメール等，明瞭で形に残る方法でも行うのが適切である），必要ならば，適宜の懲戒処分を行い（最初は軽い処分が妥当である），それでも改善がみられない場合は，最終的には，解雇もしくは有期雇用契約の更新拒否といった措置に及ぶこととなる。なお，前述1のような元役職者の場合，健康上の支障によりこうした問題を引き起こすということは通常ないであろうから，健康上の支障の可能性への考慮は必要ないこととなろう。

　次に，このような元役職者を減少させる（予防する）対策としては，まずは，前述**第3**で紹介した，管理職を離れ一般社員等のキャリアを歩むという道もあること（いわば，定年前，役職定年前の現役労働者のサポート役という役割に回るということ）を理解してもらうためのキャリア教育を定年退職の5～10年前より行っておくことがあげられる。一方，現在，役職に就いている者に対してもこれまでとは違った能力開発の必要がある。というのは，高齢者が増加する前の時代は，上司・部下の関係がほとんどの場合年齢の上下関係に連動していたが，現在ではそのような年齢の上下に依存した指揮命令は通用しなくなってきていること，加えて，部下の労働者も以前であれば男性中心であったところが今や男性・女性，さらにはLGBTを意識して行わなければならないこと，外国籍の者の割合も徐々に増えてきており，行動様式やコミュニケーションも日本人のみを前提とした方法では通用しない場合が出てくること，といったように，高齢者の増加の問題だけでなく，これからの管理監督者には，以前の時代よりもはるかに，多種多様な背景を有する部下を監理する能力が必要となるのであり，それこそ，管理職研修などで，こうした多種多様な部下（その中には，元役職者のような以前の先輩も含まれる）への仕事の指示の出し方，指導の仕方の修得を目指すのが妥当である（たとえば，独立行政法人高齢・障害・求職者雇用支援機構による「就業意識向上研修」など，すでに，上述のような必要性を目途として開催されている研修も見られるようになって

いるので，活用するのがよいと思われる）。

第5 高齢者個々人の適切な処遇のための制度構築

1 改正高年法の概要

わが国の少子高齢化の進行に鑑み，2020（令和2）年3月に，大要，下述の㋐～㋔を講ずる雇用努力義務を使用者に課す旨の，高年法の改正が行われている。

> ㋐ 70歳までの定年年齢の引上げ
> ㋑ 定年制の廃止
> ㋒ 70歳までの継続雇用制度（再雇用制度・勤務延長制度）の導入
> ㋓ 70歳まで継続的に業務委託契約を締結する制度の導入
> ㋔ 70歳まで継続的に社会貢献事業に従事できる制度の導入

しかし，各使用者としては，このような70歳までの雇用確保の努力義務が課されるとしても，実際にその雇用延長につきどのような問題点が予想されるのか，また，現在の65歳雇用義務法制の下ですら，前述**第4**のとおり数々の問題点が出ている高齢者のキャリア支援につきいかに考えるべきか，といった問題点が生ずるものと思われる。

2 70歳までの雇用延長に関する問題点

70歳までの雇用延長を実施する際には，現状の65歳までの雇用確保の制度と比較して，少なくとも一次的には5年の雇用延長による人件費増が想定されるので，使用者全体における総人件費との関係で，どのように高齢者に配分するのか，を検討する必要がある。また，その上で，65歳を超えて70歳に至る高齢者に対し，いかような役割を期待するかを想定した上で，

それに見合った処遇（賃金，人事評価による等級付け等）を与えられるように制度設計することが望まれる。たとえば，現役労働者（定年退職前）と同様・同程度の仕事が期待されるのであれば，その処遇に現役労働者と大きな差を設けることは不合理であろうし（とはいっても，使用者の人件費の事情より，同様というわけにはいかないこともあるとは考えられる），現役労働者のサポート役として，管理職を離れ一般社員等としてライン業務に従事することを期待しているのであれば（現役労働者の意欲低下を防ぐべく，現役労働者にポストを確保しようとする場合，こちらのほうが多いであろう），当然ながら，処遇は多くの場合，定年前よりは低めのものとなるであろう。

　また，雇用の延長を定年延長によるのではなく，有期雇用契約締結による継続雇用の手法により行う場合（この場合，現行の60歳定年制のまま70歳までの雇用延長を行う場合には，60歳〜70歳までは有期雇用の更新で継続雇用を行うこととなる），65歳までの雇用延長の場合と同様，無期雇用者（定年前の正社員）との労働条件の相違について，同一労働同一賃金の問題が生ずる（パートタイム・有期雇用労働法8条等）。この場合，無期雇用者（定年前の正社員）と有期雇用者（継続雇用者）との間の職務の内容，職務の内容および配置の変更の範囲，その他事情を勘案して，各労働条件の差異ごとに，不合理であるか否かが判断されるべきことも，前述**第3章第6**と同様である（この点，65歳までの雇用延長の場合と異なるところはないが，私見ではあるが，より，高年齢に達するまでの雇用延長による者であるという事情は，いささか，無期雇用者との労働条件の相違の不合理性を希釈化するものと思われる）。

３ 70歳までのキャリア支援のポイント

　前述第3でも触れたが，高齢者雇用においては，その意欲，スキルを低下させないためには，人事制度の工夫（総人件費との兼ね合いも考えつつ，

高齢者と現役労働者との人事制度をできるだけ近づけるという方法等）の他に，キャリア教育を行うことが望ましいところではあるが，これは，65歳までの雇用延長を超えて70歳までの雇用延長ということになれば，さらに必要となることは明らかである。

　それ以上に，70歳までの雇用延長により全従業員の中における高齢者の割合が急激に上昇することが想定される以上，これまで少なからず高齢者にみられたような，定年退職後の雇用終了までの「上がり」的な意識で業務に臨まれるのは，使用者にとって，周りの現役世代の労働者の士気を低下させる，業務遂行上も貢献度の低い労働者の割合が急増する，といった目に見える不利益がある。また，高齢者自身にとっても，そのような充実感のない状態で仕事に長期間（60〜70歳の10年間）従事することは，精神的に苦痛であろう。したがって，労働者の多くが70歳という高齢まで就業する時代を迎えるにあたっては，（これまでもそうであったが，これまで以上に）高齢者の側も，長期間就業することを前提として自己のキャリアについて主体的に考え，行動し，変化への対応力を身につけるという意識が必要であり，上述のキャリア教育もそのような観点から行われる必要があるとされている。そのためには，高齢者になってからも意欲を失わず，それまでに得た知識や経験を発揮し，後輩の指導も行いつつ，機会があれば，所属する社内の他部署，場合によっては社外に転進し，自身が興味を持てることに従事するという意識を個々の労働者が高齢者になる以前より持つことや，そのような意識を個々の労働者が持てるようなキャリア教育を会社が行うことが必要である。具体的には，異業種・異職種についての研修を行う方法もあるであろう。また，職場外・社外での就業の経験を積む機会などは，これまでは社外応援，出向などといわれ，半ば社内でのキャリアの終わりを意味するような消極的な評価で捉えられていた部分もあるが，これからは，個々人のキャリアを形成する機会として活用される側面があると思われる。

第5章

展　望

第1 高齢者社会と高齢者に求められるもの

1 序

　本書において，**第4章**までは，高齢者雇用に関する人事・労務上の実務における問題点・留意点について，述べてきたが，**第5章**では，高齢者に関する固有の実務を離れて，高齢者の適切な雇用，人事・労務を通して，既存の労働法制，人事・労務措置にどのような影響があるかにつき，筆者が思っているところを俯瞰してみたいと思う。

2 高齢化社会の進展

　本書でも幾度か述べたように，わが国における高齢者社会の進展は急速・急激であり，殊に，出生率の低下，平均寿命の伸張により，全人口に占める高齢者（65歳以上）の割合は急上昇している（前述**第1章**参照）。

　なお，世界的に見ても，【**図表5－1**】のとおり，わが国における高齢

【図表5－1】全人口における平均寿命と高齢化率

国名	平均寿命 ※1	高齢化率 ※2
日本	84.21歳	28.00%
米国	78.54歳	16.21%
英国	81.26歳	18.51%
ドイツ	80.89歳	21.56%
中国	76.70歳	11.47%
韓国	82.63歳	15.06%
インド	69.42歳	6.38%
インドネシア	71.51歳	6.05%

※1　全人口の平均寿命
※2　全人口に占める65歳以上の割合
出典：2019年国連調べ（https://www.globalnote.jp/post-3770.html）

化の度合いは際立っているといわざるを得ない。

　そのため，わが国においては，社会経済を維持するためには，高齢者の
「活用」（高齢者「活用」が本書の最終的なテーマだったわけであるが）を
超えて，ある程度の年齢までの高齢者は，リタイア予定者ではなく，壮年
者と同様に社会の通常の構成員として，就業する必要が生じている。

③　考　察

　つまりは，一口に高齢者といっても，その年齢により当然に違いはあり，
60〜65歳付近の者については，高齢者以外と大差ない社会的役割を担い，
70歳までは原則として就業することが（そのことの当否はおくとしても）
社会経済の維持には不回避である。その意味で，2020（令和2）年の高年
法の改正により，70歳までの雇用努力義務が課されているのも，おおよそ，
上記と均衡のとれたものと思われる。なお，2020（令和2）年9月の時点
で，わが国の人口に占める70歳以上の割合は22.2%とされているが（総務
省「統計からみた我が国の高齢者」），この数字は，実は前記の国際比較の
表【図表5−1】でみても，他国の65歳以上の高齢者の割合よりも高率で
ある。したがって，わが国においては，現時点においても少なくとも70歳
までの就業を当然に確保する制度が望まれるところである。

第2　高齢者の就業と現在の労働法制（筆者の私見）

1　序

　前述第1のとおり，世界でも群を抜いて高齢者の割合が高率であり，平均年齢も高いというわが国の人口構成からすれば，高齢者の就業拡大は避けてとおれない方策である。こうした流れを受けて，高齢者雇用をめぐるわが国の労働法制も，1970年代までは55歳定年が主流であったが，1994（平成6）年の高年法改正により60歳定年制が強行的な基準とされ，2012（平成24）年の同法改正により，原則，希望者全員の65歳までの雇用延長が義務化され，2020（令和2）年の同法改正により70歳までの雇用延長が努力義務化されるに至るなど，整備が進められてきたが，労働法制全体が，本来，ここまでの高齢者雇用を前提としていなかったため，高年法改正による高齢者雇用延長の流れに適していない点が存する。その主要な点として，現時点において筆者が思うところは，2以下に述べるところである。

2　年功序列賃金を前提とした，就業規則の不利益変更についての困難さ

　前述1のとおり，長らくわが国では55歳定年制を前提に終身雇用制という雇用保障がなされてきた。換言すれば，よほどのことがない限り55歳までは雇用が保障され，55歳で雇用が一律に終了するというのがほぼ労働規範であった。雇用保障自体は，55歳から60歳，その後事実上65歳となり現在に至るが，長らく55歳までの雇用保障および55歳での当然の一律雇用終了の下で形成された労働規範は，現在の労働実務において影響が残っている。たとえば，50歳代後半での役職定年，60歳での定年後再雇用における役割・処遇の一律軽減はその名残りと思われる。すなわち，わが国の企業

は長らく，ほぼ全員一律55歳までの雇用保障，55歳での雇用終了の中で，年功序列型賃金により生涯での貢献度と賃金との均衡を図るように賃金カーブを設定していたところ，雇用保障年齢が上昇したため，旧来の雇用上限である55歳を超えた頃より（使用者によっては60歳の定年を超えた時より），処遇および責任を軽減させることで，その賃金を減少させる施策により総人件費負担を減少させようとしている。

　しかし，このような施策は本書でもすでに述べたように（前述**第４章第３　１**(2)②），高齢者の意欲不足を招き，ひいてはその能力発揮の機会を狭めており，実際のところ，多くの使用者はその弊害に気づいている。すなわち，本来であれば，55歳を超えた労働者にも，ある程度の年齢までは55歳以下の労働者と同様かそれに類似する制度を適用し，現役労働者と大きな差がない役割を与えつつその貢献度に応じて相当程度に処遇が上下する制度を設けるのが適切なのであるが，それは55歳以上の労働者の人件費が現状よりも上昇することを意味し，少なくとも短期間的には（55歳以上の労働者に対する上述の制度適用・人材活用による企業収益の上昇の効果が現れるまでは），使用者としては，総人件費の上昇を抑えるために，55歳以下の労働者の労働条件を切り下げる必要も出てくる。

　しかし，現在のわが国の労働法制では，労働条件の不利益変更にはかなり厳格な要件が課されており（労働契約法10条），殊に，賃金などといった重要な労働条件については，変更するためには「高度な必要性に基づいた合理的な内容であること」が要件とされている（前掲第四銀行事件［最判平成9.2.28労判710号12頁］，前掲みちのく銀行事件［最判平成12.9.7労判787号６頁］等）。たとえば，経営数値上は同業他社の中で相当劣位にある使用者が賃金体系を変更した際に，差し迫った必要性に基づく総賃金コストの大幅な削減を図ったものなどではないことを理由の１つとして，不利益変更の有効性が認められないということもある（前掲みちのく銀行事件最高裁判決）。また，この不利益変更の有効性の判断は，前掲みちのく銀

行事件1つをとっても，一審（青森地判平成5.3.30労判631号49頁）＝無効，二審（仙台高判平成8.4.24労判693号22頁）＝有効，最高裁＝無効と，その有効性の要件が厳格なだけに判断が微妙な（裁判所によっても分かれる）ところがあり，使用者としては，それこそ「差し迫った必要性に基づく総賃金コストの大幅な削減」の必要性があるような状況に至るまでは，不利益変更が無効とされた場合の影響を考慮して，なかなか賃金体系の変更に踏み切れない実務的現実がある。

　以上に鑑みれば，わが国の就業規則の不利益変更に関する法理が，使用者の高齢者活用のための人事制度変更（その最大の眼目は，総人件費を変えずに，貢献度の大きい高齢者への処遇を改善することである）を抑制しているところがある。

3 終身雇用を前提とした，解雇法制の厳格さ

　長らくわが国は55歳定年制をとっていたが，近年，60歳定年制の上で65歳までの雇用延長を義務づけ，さらには70歳までの雇用延長の中途にあるといっても過言ではない。

　しかし，多くの使用者は，もともと55歳を前提とした終身雇用制をとっており，60，65，70歳と雇用延長年齢が上昇していくことは想定していなかったことより，55歳以降の役職定年制等，ほぼ一律に半ば一線から外す処遇をしている。しかしこれでは，使用者としては，一線を外れた半ば引退待ちの従業員の割合が雇用延長年齢の上昇とともに増えていくだけのことであり，人員において，最善の組織・定員に比較して，人員余剰となることは避けられない。この場合でも，総体的に個々人の賃金を削減して総人件費の上昇を抑えるという方策もなくはないが，その方策における就業規則の不利益変更の困難性の問題（前述2）はおくとしても，仮にそれが可能であっても，個々人の総人件費を総体的に削減する方策は，優秀な人材がモチベーションを失い退職してしまうというリスクが大きい。そこで，

使用者としては，貢献度に応じて処遇（賃金）に高低をつけるとともに，できれば，適正な総人件費に調整すべく，適宜，人員調整を行いたいところであるが，わが国における解雇法制（労働契約法16条，17条，19条）の厳格さにより，相当の経営難に陥る前段階においては，上記の人員調整を行うことは事実上困難となっている。

　また，現役世代＝比較的高処遇，高齢者＝一律で比較的低処遇，という方策では高齢者のモチベーションが保てず，その質的な活用が困難であることより，現役世代，高齢者を問わず，現在の貢献度に応じた処遇，すなわち，ジョブ型雇用に移行していく必要が出てくるが，ジョブ型雇用を徹底するならば，現役世代，高齢者を問わず，適性のある仕事が社内に見つからない労働者に対する雇用を維持することは困難となってくる。

４ 固定的な労働時間法制

　現在のわが国の労働時間法制は，原則として，使用者の指揮命令下に置かれていると評価できる時間を労働時間とし（三菱重工業（一次訴訟・会社側上告）事件［最判平成12.3.9労判778号11頁］），その労働時間を使用者が把握すべきとしている（使用者による労働時間の把握義務。厚生労働省「労働時間の適正な把握のために使用者が講ずべき措置に関するガイドライン」（2017（平成29）年1月20日））。もっとも，フレックス・タイム制，変形労働時間制，事業場外みなし時間制，裁量労働制（労働基準法32条の３，38条の２，38条の３）等，若干，柔軟な労働時間制度も存するのであるが，使用者による労働時間の把握義務とあいまって，要件を満たすことは必ずしも容易ではないことも少なくない。

　一方，高齢者は，本書でも再々述べたとおり，現役世代の者と比して，その健康状態は個人により相違が大きい。したがって，どのような働き方をしたいかについては，各人による差が大きいこととなる。このような，各人により，就業したい時間帯，場所等の相違が大きくなる傾向がある高

齢者について，よりその活用の幅を広げるとなると，現状のような，一定時間，使用者の指揮命令下（つまりは使用者の拘束）に置かれながら就業するという態様に固執すると，使用者にとってもその管理が困難であろうし，高齢者にとっても，実際にそうした指揮命令下にいる時間（労働時間）を確保することが困難なことが増えてくると思われる。

5 労働法制への影響

　前述第1のとおり，わが国の高齢化はすでに世界一の水準にあり，しかも，そのレベルも他国に比して群を抜いている（全人口に占める70歳以上の高齢者の割合が，すでに高齢化が進んでいる他国の65歳以上の高齢者の割合よりも高いというのが実情である）。一方，高齢者の雇用延長に対応すべく使用者が高齢者の活用を図ろうにも，現在の労働法制がその足かせになっている部分が見受けられる。

　もとより，現在における就業規則の不利益変更の法理，解雇権濫用法理等の内容は，何も高齢者活用という見地においてのみ，その障害となっているものでもない。本書のテーマからは離れるが，より大きな問題は，一口でいえば人材の適正配置と業種間の労働力移動に対する障害となっていることである。高齢者活用という点からしても，上述の就業規則の不利益変更の法理，解雇権濫用法理等の現在の法制の内容は，すでに無理が生じているところであり，そうした点からも，より使用者の側による柔軟な対応が可能になるような法制上の改変が望まれるのではないか，というのが筆者の私見である。

事項索引

164

判例索引

166

【著者プロフィール】

岡芹健夫（おかぜり　たけお）

髙井・岡芹法律事務所　弁護士・所長

1991年早稲田大学法学部卒業。1994年第一東京弁護士会登録。

第一東京弁護士会労働法制委員会委員，経営法曹会議幹事，一般社団法人日本人材派遣協会監事，筑波大学法科大学院非常勤講師（労働法演習）等。

主な単著として，『労働法実務　使用者側の実践知〔LAWYERS' KNOWLEDGE〕』（有斐閣，2019年），『労働条件の不利益変更　適正な対応と実務』（労務行政，2015年），『取締役の教科書　これだけは知っておきたい法律知識』（経団連出版，2013年），『雇用と解雇の法律実務』（弘文堂，2012年），『人事・法務担当者のためのメンタルヘルス対策の手引』（民事法研究会，2011年）等。

◆髙井・岡芹法律事務所　https://www.law-pro.jp

「55歳以上」の雇用・法務がわかる本

2021年11月1日　第1版第1刷発行

著　者　岡　芹　健　夫
発行者　山　本　　　継
発行所　㈱中央経済社
発売元　㈱中央経済グループ
　　　　パブリッシング

〒101-0051　東京都千代田区神田神保町1-31-2
電話　03（3293）3371（編集代表）
　　　03（3293）3381（営業代表）
https://www.chuokeizai.co.jp
印刷／㈱堀内印刷所
製本／㈲井上製本所

© 2021
Printed in Japan

＊頁の「欠落」や「順序違い」などがありましたらお取り替えいたしますので発売元までご送付ください。（送料小社負担）
ISBN978-4-502-40061-2　C3032

JCOPY〈出版者著作権管理機構委託出版物〉本書を無断で複写複製（コピー）することは，著作権法上の例外を除き，禁じられています。本書をコピーされる場合は事前に出版者著作権管理機構（JCOPY）の許諾を受けてください。
JCOPY〈https://www.jcopy.or.jp　eメール：info@jcopy.or.jp〉

社会保険労務ハンドブック

全国社会保険労務士会連合会 ［編］

高度福祉社会への急速な歩み、また社会保険諸制度充実のための大幅な法改正。それに伴う労働・社会保険関係業務の顕著な拡大、複雑化……。本書は、このような状況において開業社会保険労務士、企業内の社会保険労務士ならびに業務担当者、あるいは社会保険労務士試験受験者等の方々にご活用いただけるよう、関係諸法令を従来にない懇切な解説とユニークな編集でまとめました。

毎年 好評 発売

■主な内容■

労働法規の部

第1編　個別的労働関係……第1　総説／第2　労働関係の成立・終了／第3　労働基準／第4　その他関連法規

第2編　集団的労働関係……第1　労働組合／第2　労使関係

社会保険の部

第1編　社会保険関係……第1　健康保険法／第2　健康保険法（日雇特例被保険者特例）／第3　国民健康保険法／第4　高齢者の医療の確保に関する法律／第5　厚生年金保険法／第6　国民年金法／第7　船員保険法／第8　介護保険法／第9　社会保険審査官及び社会保険審査会法

第2編　労働保険関係……第1　労働者災害補償保険法／第2　雇用保険法／第3　労働保険の保険料の徴収等に関する法律／第4　労働保険審査官及び労働保険審査会法

関連法規の部　第1　行政不服審査法／第2　社会保険労務士法

付　　録　届出申請等手続一覧

中央経済社